做一个有温度的班主任

王彩霞　著

中国海洋大学出版社
· 青岛 ·

图书在版编目（CIP）数据

做一个有温度的班主任／王彩霞著 . -- 青岛：中国海洋大学出版社，2025. 6. -- ISBN 978-7-5670-4237-7

Ⅰ. G625. 1

中国国家版本馆 CIP 数据核字第 20252ST484 号

ZUO YIGE YOU WENDU DE BANZHUREN

出版发行	中国海洋大学出版社		
社　　址	青岛市香港东路 23 号	**邮政编码**	266071
出 版 人	刘文菁		
网　　址	http://pub.ouc.edu.cn		
订购电话	0532-82032573（传真）		
责任编辑	杨亦飞	**电　　话**	0532-85902533
印　　制	青岛国彩印刷股份有限公司		
版　　次	2025 年 6 月第 1 版		
印　　次	2025 年 6 月第 1 次印刷		
成品尺寸	170 mm ×240 mm		
印　　张	10. 25		
字　　数	172 千		
印　　数	1—1 000		
定　　价	49. 00 元		

发现印装质量问题,请致电 0532-58700166,由印刷厂负责调换。

"今天清晨,我交给你一个欢欣诚实又颖悟的小男孩,多年以后,你将还我一个怎样的青年?"

这句话出自台湾女作家张晓风的文章《我交给你们一个孩子》。这篇文章写于 1983 年,尽管过去了四十多年,但这个意味深长的发问仍然引人深思。这段话我读了好几遍,眼前会浮现一个个活泼可爱的孩子的身影、一张张天真无邪的笑脸。初次踏入校园时,他们满怀憧憬、希望、喜悦和快乐。六年、九年、十二年之后,他们会变成什么样呢?他们会一如既往地保持对生活的热爱、对学习的投入、对教育的喜欢吗?走出校门的他们,是否有责任、有担当、有家国情怀?

作为班主任,我们要培养怎样的人?我们如何做,才能不辜负家长对我们的信任呢?

教育是国之大计、党之大计;老师是立教之本、兴教之源。班主任要大力弘扬教育家精神,让自己成长为有情怀、有水平、有温度的好老师、大先生,做好学生的引路人。

自 1992 年踏上工作岗位,我一直在小学工作。从教三十多年,我接触过各种各样的学生,越来越感到责任重大。我常思考,作为一名小学班主任,我该怎样践行教育家精神呢?我还会站在学生、家长的角度进行换位思考,从而及时调整工作思路和策略,进行工作反思和总结。在担任班主任的这些年里,我逐渐找到了自己的答案——教育,应当是有温度的。

有温度的班主任，会把教书和育人有机融合。班主任不仅是学生知识学习的引领者，更是学生成长道路上的朋友。有温度的班主任，会用敏锐的洞察力去感知每一个学生的需求，倾听他们的心声；会用爱心、耐心和恒心去影响和关注他们的成长。

回想初为人师时，我满怀激情，也略显稚嫩。面对一群个性迥异的学生，我有时会感到无可奈何，烦躁过、失落过，也彷徨过。但随着时间的推移，我逐渐学会了如何与他们相处，如何走进他们的内心世界。我开始意识到，每个学生都是独一无二的个体，他们有自己的性格、兴趣和梦想。作为班主任，我的任务就是帮助他们发现自己的闪光点，唤醒他们的内驱力，让每一个学生成为更好的自己。

在这个过程中，我深刻地体会到了温度的重要性。一个有温度的班主任，要能够用真诚的理解、鼓励的话语、耐心的倾听，让学生感受到关怀与温暖，激发他们的学习热情和成长动力，帮助他们学会怎样与人相处、怎样面对困难、怎样迎接挑战。

做一个有温度的班主任，并不意味着放任和纵容。我们需要在关爱与引导之间找到一种平衡，既要让学生感受到老师的温暖和支持，又要让他们明白规则和纪律的重要性。

在三十多年的班主任工作中，我有过困惑与挫折，也有过感动与欣慰，但始终不变的是对学生的关爱和对教育事业的执着。我将这些年的教育感悟和故事记录在这本书中，希望能带给在班主任岗位上奋斗的同人一些启示。

本书提及的学生姓名均为化名。感谢那些陪伴我一路走来的学生，他们的童真，让我心生喜欢，也让我有了更多的思考和收获；他们的进步，让我的教育生涯更有意义；他们的信任和支持，让我更加坚定了自己的信念和追求。我和学生一起成长着。愿每一位教育者都能心怀暖阳，在教育的道路上播撒爱与希望的种子，收获满园芬芳。

王彩霞

2025 年 1 月

目录

第一章

努力提升自我能力

育人先育己,正人先正己。一个有温度的班主任,会在教育教学的过程中时刻不忘加强自身的师德修养、丰富自己的专业知识,在实践中不断提升自己的能力。唯有如此,才能以更深厚的学养、更贴心的关怀,让教育的温暖触达每一个学生的内心深处。

一 心态调适为先

班主任面临不少压力和挑战。第一,现在是信息化时代,学生获取知识的渠道多种多样,班主任应加强自己的知识储备并与时俱进;第二,有的家长片面重视成绩,忽视了学生的心理健康和良好习惯的培养;第三,班主任工作任务繁重、工作时间长,时常下班后仍要批阅作业或与家长交流;第四,在现代社会中,学生面临着许多诱惑和干扰,班主任需要在一些学生身上投入大量的时间和精力;第五,家校矛盾时有发生……这些都对班主任提出了更高的要求。在这种情况下,有的班主任会出现焦虑、烦躁甚至失眠的情况,因此,拥有良好的心态显得格外重要。

既然选择了当班主任,那就要接受繁忙、琐碎、辛苦,甚至是个别家长的质疑,同时将体会教书育人的快乐,收获来自学生和家长的信任。有了这样的心态,工作中无论遇到什么问题,都可以心平气和地想办法解决。

1

（一）热爱工作

知之者不如好之者，好之者不如乐之者。热爱是最好的老师。老师是我们的职业，需要我们数十年如一日地坚守。班主任是这一职业中一个特殊的岗位。魏书生说："我属于愿意当班主任的那类教师。我总觉得，做教师而不当班主任，那真是失去了增长能力的机会，吃了大亏。"[①] 一个愿意当班主任的老师，会享受工作带来的一切，并把它视为一种乐趣、一种成长的历程。不管白天有多忙、多累，班主任的心里始终是快乐的、心甘情愿的；反之，如果不喜欢自己的工作，就会抱怨不断，形成恶性循环。

老师是一个非常有趣的职业，每天跟学生打交道，有烦恼，也有快乐。看着学生成长和变化，班主任收获的那份欣喜与满足是别人无法体会的。一个热爱工作、有幸福感的班主任，才能培养出有幸福感的学生。

办公室的一位老师说："虽然我们的工作很辛苦，还经常生气上火，但静下心来想一想，当班主任还是挺好的。"说这话的时候，他笑眯眯的，脸上洋溢着幸福和满足。我想，他一定是打心底喜欢和热爱老师这个职业的。还有什么比热爱更能给人带来快乐呢？于漪认为，当老师的幸福，只有当了班主任才能真正体会到。所以，喜欢当班主任并热爱班主任工作，是感受职业幸福感的前提。

（二）积极向上

班主任要对工作抱有热情和积极向上的心态。

1. 要做一个有正能量的人

遇事多想办法，把解决每一个问题当成提升自己能力的机会。心态积极的人，会把焦点集中到解决问题上。解决之后反思，再总结经验教训，能力就在这一次次解决问题的过程中得以提升。因工作繁忙，班主任难免有心情烦躁的时候，越是这样，越要有平和的心态和积极向上的态度。

2. 要避免被负面情绪影响

办公室里，我们总能看到很多兢兢业业工作的老师，他们爱岗敬业的精神令人感动。但有时也能听到一些牢骚和抱怨，有的老师因为心态失衡，总是充

---

① 魏书生. 班主任工作漫谈[M]. 桂林：漓江出版社，2010.

满负能量。

　　情绪是会传染的，不管是积极情绪还是负面情绪，都可以相互传染。跟一群积极向上的人在一起，和跟一群怨声载道的人在一起，感觉是大不相同的。心态乐观的人，会积极想办法解决问题；而遇到问题只会一味抱怨的人，会把责任推到别人身上，觉得不是学校管理有问题，就是家长有问题，或者学生有问题。这样的想法不仅会让自己的心情更加郁闷，还会让人没有办法静下心来去反思自己的做法有没有问题。班主任要积极向上，多和有正能量的人在一起。

（三）积极赋能

　　班主任工作细致又复杂，一天下来，他们经常忙得团团转，也经常遇到一些棘手的事情。这时候，班主任要积极为自己赋能，多说"我能行"，少说"太难啦""怎么可能完成""我不行""真愁人"。

　　班主任应常说"我能行"，激发自身内在的动力，从而更积极主动地面对教学和班级管理中的各种任务与挑战。这种积极的自我暗示能提升班主任对自己能力的信心，相信自己有足够的能力和办法去解决在工作中遇到的困难，从而在工作中更有底气，发挥出更好的水平。另外，班主任的积极态度能影响学生，激励学生敢于尝试，从而增强学生的自信心和学习动力。

　　班主任要引导学生为自己赋能。例如，跑操时，有些学生会说"跑不动了""累死啦"这样的话，这话一说就泄气了，速度就慢下来了。赛前，有的学生会打退堂鼓，表示不想参赛，周围的同学也会受其影响。遇到这种情况，班主任应马上开班会，不让这种消极的思想在班内蔓延。

　　有一次，学校要举行古诗词大赛，分初赛、复赛和决赛。所有学生都可以参加初赛，经过复赛，每个班级选出三人参加学校的决赛。我在班里宣布这一消息时，小轩脱口而出："可不可以弃权？"这时，又有几个男生喊道："我也弃权！"我立即召开了班会。首先，我让小轩和随声附和的几个同学说说弃权的原因。然后组织大家讨论：这种情况下，我们该弃权还是积极准备？最终，全班达成一致，要相信自己并敢于挑战自己。

　　后来我单独找小轩进一步沟通，他决定鼓起勇气、积极准备。最终，他经过层层选拔，在班里脱颖而出，成为代表班级参加决赛的三位选手之一。

　　决赛中有必答题、抢答题、飞花令等，我们班的三位选手配合默契、积极应对，经过紧张激烈的角逐，最终为班级夺得了冠军。

回到教室,在同学们热烈的掌声中,我把三位同学请上讲台,请他们谈谈感受。小轩说:"以后遇到比赛,我不再退缩了,要积极参加。"我说:"对的,要多为自己赋能,相信自己的能力,积极向上,努力争取。"

班主任也要为自己赋能。遇到问题时,班主任应经常对自己说"我可以的""我能解决这个问题",要充满能量,要积极思考、研究、向他人请教和学习,如此定会想出很多办法。例如,可以把工作分类,重要的、紧急的、事务性的、常规性的……然后按照重要程度分出先后顺序,在不同的时间用不同的策略高效完成。

我看过这样一句话:"鸡蛋从外面打开是食物,从里面打开是生命。"班主任要主动成长,不断地为自己赋能,努力提高自己的修养,学会欣赏自己、悦纳自己、相信自己,还要把每一个挑战看作自己成长的契机。相信智慧会在你的努力中悄然生长,总有一天让你闪闪发光。

二 掌控情绪有方

能够控制自己的情绪,是班主任专业素养的重要体现。有人说,老师是世界上唯一跟学生没有血缘关系却希望学生成才的人。这话没错,但老师不能出于"为了你好"而控制不好自己的情绪。班主任应控制好自己的情绪,冷静、理智地处理问题,构建和谐的师生关系,从而赢得学生的尊重和信任。

(一)有研究的心态

班里经常有学生因为调皮被检查纪律的志愿者记名,并到我这里来告状。以前,我会不分青红皂白,把他们训斥一顿,可这样做效果并不好,因为过几天,类似的问题又会出现,而且我发完脾气后,不但不能了解真实情况,还会引起学生的反感。经过反思后,我开始学着控制情绪,遇到此类问题,先心平气和地找学生单独谈话,这样做不仅能了解学生调皮的真正原因,还能更好地解决问题。

因此,班主任应有研究的心态,遇到问题多想想为什么。面对不会做题的学生,我们不能一味地认为他就是没有好好听讲,要多想想学生不会做题是什么原因。例如,是只有这几道题不会,还是整体基础太薄弱?是学习习惯不好,还是学习方法不对？这些错题是只有几个学生不会，还是一群学生不会？有没有可能是老师讲得太快了或没有讲明白？

面对犯错的学生，班主任不要一味地批评教育，应多问问学生："发生了什么事？""你是怎么想的？"面对闹矛盾的两个同学，多问问："你希望老师怎样处理这件事情？""你愿意听别人的意见和感受吗？""如果再遇到类似的事情，你愿意换种方式来处理吗？"……班主任应心平气和地多听学生的心里话，多了解学生，从而更好地帮助学生。

我们的目的是让学生越来越爱学习，越来越会做人，显然，靠发脾气是做不到的。遇到问题，班主任要有正确的思维方式，不要轻易下结论，要换位思考，预估几种可能性，这样就能控制住情绪了。

（二）设立情绪管理员

为了控制情绪，有的班主任会在班里找一个学生作为老师的情绪管理员，看到老师快要控制不住脾气了，就提醒一下，我觉得这个办法很可取。

于是，我依葫芦画瓢。每当我要发火的时候，他就会用手势向我示意，然后我会迅速冷静下来，以免说出一些不该说的话。冷静下来后，我的情绪会平稳很多，这时候智慧亦会随之而来。

例如，当上课铃响了，教室里依然乱糟糟时，我没有大喝一声，也没有敲桌子，而是默不作声地站在讲台上注视着他们。逐渐地，会有学生看向我并互相提醒着安静下来。后来，我改成一进教室就开始听写生字词或者默写古诗。一开始，那些说话的学生会因为没听见前面几个词而追问，我置之不理。几次之后，他们就知道要提前准备好本子，因为上课铃声一响，老师就要听写，他们就会安静下来等着。

三 ●—目标规划并举

凡事预则立，不预则废。明确目标，不仅可以帮助班主任更好地落实自己的教育计划，还能激励自己不断前进，为班级营造更好的学习和成长环境。

（一）自我成长的目标和规划

我听过南京师范大学齐学红教授的讲座，有两句话至今印象深刻。她说：

"作为班主任,你把自己的工作当作专业来研究过吗?你有自己的成长规划吗?"

她的发问引发了全场的思考。当时我在想:对于学科教学,我们经常要集备、教研、听课、学习、培训,否则就会跟不上课改的步伐。我们有时还会给自己设定一个目标,如这学期想参加市优质课比赛、明年想出个示范课,于是就朝着目标努力,积极教研,提高自己的教学水平。

那班主任工作呢?当班主任这么多年了,我收获了什么?日复一日,年复一年,我疲于处理各种琐碎的事务。说到底,是没有自己的目标。没有目标,也就没有努力的方向,没有向前的动力。

所以,很多时候班主任需要逼自己一把。问问自己:我要做什么样的班主任?怎样由经验型班主任向骨干型、专家型方向努力?要在哪些方面提升自己?

有了奋斗目标,还要有合理的规划,从而逐步实现自己的目标。比如可以设个"三年规划"或者"五年规划"。要把目标细化,即要在每一个发展阶段设立具体的目标,越细越好,可以具体到读一本书、讲一节课、做一个课题研究、发表一篇论文等。

(二)班级管理的目标和规划

每学期开学初,班主任最好对自己的班级进行统筹规划。首先,从大的方面着手,如班干部的选拔和培养、学生良好习惯的养成、班级常规的要求、班级活动的开展、要达到怎样的目标以及如何达成这些目标。其次,从具体的问题研究计划入手。例如,这学期我要打造书香班级,引导学生养成良好的阅读习惯;我要好好培养班干部,让学生自主管理;我要研究静音站队的问题。班主任之所以能将班级管理得井井有条,是因为他们提前进行了规划。

有了明确的目标和合理的规划,班主任在工作中会有更多的主动权,遇事不慌乱。

2016—2017 学年度第二学期班主任工作计划

一、班级管理

(一)安全

1. 每周五,同级部两个班级的班主任会对教室、走廊、卫生间等场所进行安全隐患排查,发现隐患要及时上报,督促整改。

2. 课间及时到教室,跟上一节课的老师做好衔接工作,保障教室里始终有老师在。

3. 设立班级安全督察员,带领班级学生发现安全隐患并及时上报,认真填写班级安全日志。(负责人:子墨、翌宁)

4. 认真并及时完成安全平台教育内容(负责人:柯燃)。

5. 认真上好每一节安全班会课,做好记录,让安全意识深入学生内心,并落实到行动上。

6. 严格落实学校安全要求,每天下午放学前对学生进行安全教育,发现安全问题时,随时随地进行教育。

7. 本学期重点安全知识内容:交通安全、防溺水"六不一会"、防踩踏、安全用电、防校园欺凌、预防食物中毒、安全上网、应对公共场合出现的危机等。

(二)秩序——安静有序

1. 制定标准:静。

进出静,集会静,带队静,就餐静,上学、放学路队静。

2. 及时评价(总负责人:鑫洳)。

(1)课间秩序。设立秩序检查员,全班同学轮流上岗,每人一天,每天放学前进行总结评价,在班级优化大师上及时加分和减分。

(2)路队秩序。由两个体育班长负责,一前一后,及时记录。每天反馈给鑫洳。

3. 开展"做最好的自己"活动。

利用班会讨论怎样做最好的自己、准备从哪一项(读书、背诗、英语听录音、书写、发言、听讲、纪律、体育、性格、卫生、画画、唱歌⋯⋯)入手。利用每周五安全班会前五分钟进行总结反思。每人用一个专门的本子记录下成长痕迹。

(三)卫生

卫生重新分工,细化到每个人每天干什么、什么时间打扫,并将安排表格贴到教室后的黑板上。两名卫生检查员(子墨、翌宁)每天不定时检查并及时反馈。

(四)品格培养——进行感恩教育

1. 抓住学生相处的每一个瞬间,发现感人事迹应及时反馈表扬。同时让学生用其善于发现的眼睛和感恩之心留心身边的事情,并把自己的发现及时地记录下来。

2. 家庭教育中关注品格教育，家校形成教育合力。

请家长为孩子养成的优秀品格颁奖，积累家长在家庭生活中培养孩子品格的案例。

二、教学方面

深入推进三生课堂研究，从学科教学走向学科育人。

（一）现状分析

小组合作培训不够细致，特别是课前三分钟展示、课堂展示的互动和评价没有真正互动起来，评价也没有针对性。

（二）实施策略

1. 加强培训。

（1）老师：研究如何指导小组学习，小组长怎样干，小组如何合作、展示，生生、师生如何对话、质疑等。

（2）小组长：合理分工，及时引导、总结。

（3）小组合作：认真听，边听边记，听后质疑，文明讨论。

（4）展示：展示要自然，互动要有针对性，避免流于形式的交流。

2. 评价方面。

（1）学习态度、学习品质：是否积极、专注、认真、善于思考、锲而不舍、乐于助人。

（2）课堂表现：包括听讲、发言、展示以及与人合作的情况等。

（3）作业：是否按时并主动完成作业，书写的整洁度、正确率、速度及纠错等情况。

（4）课前三分钟：准备是否充分，仪态是否落落大方，声音是否响亮。

（5）小组展示：仪态、声音、语言是否流畅，理解是否到位。

（6）朗读：要求正确、流利、响亮、有感情（语调和语气合适）。

3. 加强集备，重点集备易错点、小组合作点。

4. 潜能生辅导。

（1）老师平时加强单独指导。

（2）采取学生一对一帮助。

5. 品格培养。

将感恩教育渗透在语文学科和品德与社会学科教学中。

三、个人成长

1. 学习信息化技术。

（1）信息管理平台的使用。

（2）继续学习电子白板的使用，课堂上充分利用。

（3）学习课件的动画制作。

（4）学习微视频的制作。

2. 大量阅读。

阅读学科教学、班级管理、教育学、心理学方面的书籍。和学生一起读书和打卡，每周坚持写不少于一千字的读书笔记。

3. 坚持写教学反思和教育故事。

4. 积极参加各项比赛，争取获得好成绩。

四 ○ 追求卓越境界

有人说，人的工作有五种境界。第一种境界是把工作做了，第二种境界是把工作做完了，第三种境界是把工作做对了，第四种境界是把工作做好了，第五种境界是把工作做到了极致。这五种境界代表五种不同的态度，五种不同的态度会让我们收获不同的成长速度。

班主任要对自己严一点，要把标准定得高一点，无论做什么都不应付，要尽全力。如果还不能成功，那一定是能力有待提高。

（一）愿意锻炼自己

工作中不要怕担重担。班主任做的每一项工作都是对自己能力的锻炼，坚持下去定会有所收获。

刚毕业那几年，我在乡镇工作，对于一些比赛无动于衷。有一次，办公室的一位资深老师跟我说："年轻人啊，一定要多参加比赛，锻炼自己。"他的话让我心里一惊，因为在此之前，我从来没有想过这个事。

过了几天，有个市优质课比赛的选拔赛，我报名了。没想到，全镇只有我一人报名,于是,我直接被推送到区里参加选拔赛。我清楚地记得,那次的比赛一共有三项:第一项是限时两个小时写一篇论文,题目是现给的;第二项是限时四十分钟写一个教案,课题是现抽的;第三项是现场讲一堂课。三项成绩加起来,选一人去市里参加比赛。

那次比赛虽然我落选了,但我看到了高手是怎样上课的。因为我们讲的是同一个课题,我抽签早,讲完后可以在现场听其他参赛者讲课。这次参赛对我的触动非常大,也正是这次深刻的体验,让我看到了自己与优秀教师之间的差距,引发了我的思考,也为我接下来的努力找到了方向。

参加就有收获,不管成功与否。能力的提高不是一蹴而就的,而是潜移默化的。正是在一次次参与和体验的过程中,我才得以成长。因此,身为老师,我们要充分利用身边的资源,抓住一切机会锻炼自己,多一次锻炼,就多一次成长。

在三十多年的教学生涯中,我多次勇挑重担。我曾在学校人手不够的情况下,同时担任班主任、备课组长,还任教两个班的语文。也曾在其他老师临时请假时,跨级部任教两个班的语文。觉得压力大时,我会努力学习、积极研究,不断激发自己的潜能,从而提高自己的工作效率。时间久了,我的能力也有了较大的提升。

所有经历都是体验,有体验就有收获,有收获就有成长。愿意锻炼自己的人,会比别人多一些付出,但也会多一些收获,日积月累,会在某一时刻变得与众不同,脱颖而出。

(二)每天多做一点

网上有两个有趣的公式:$1.01^{365} \approx 37.8$,$0.99^{365} \approx 0.03$。这给了我很大的启发,那就是,每天要求自己多做一点,每天进步一点点,三百六十五天之后,这个变化将是惊人的。聚沙成塔,滴水穿石,说的也是这个道理。

2016 年,青岛市组织骨干班主任在南京进行了为期六天的培训。我有幸成为骨干班主任中的一员。那次培训,会务组给每个学员建了一个博客账号,要求我们把当天的学习感悟写下来并发到博客上。每天会有两场专家报告,我听得专心致志,笔记写得密密麻麻。到了晚上,我就对照着学习笔记认真整理自己的学习感悟。因为没带电脑,我只能在手机上操作。

第一天,我没有博客,也不知道怎么登录,好不容易向别人请教学会了,然后,在手机上一个字一个字地打,打几个字就得保存一下,可在接近完成时,我接了个电话,再回到那个页面时,前面写过的文字不见了,请教了多位老师也没能找回来,没办法,我只好从头再来。我清楚地记得,我第一篇博文发上去的时间是23:50。那几天,我总是23:00以后才能交上作业。一来是自己打字慢,二来不想应付交差。眼看其他老师很快就写完了,我虽羡慕,但还是坚持认真完成作业。

培训结束,学校让我把培训的收获和老师们分享并进行交流,于是,我把自己写的感悟从博客上复制下来(竟然有一万多字),稍加整理就可以了。那一刻,我很感谢南京之行带队老师对我们的严格要求,也感谢当时努力的自己,庆幸自己认真完成了每一篇博文。

教学这么多年,我接触过很多年轻老师,也带过不少徒弟。有一年,有两位年轻老师跟着我实习,她俩的表现就有明显的不同。例如,有时,我说:"明天要讲第二十三课了,你们可以提前看一看。"A老师会认真研究,先写好教案给我看看,然后第二天再去听课,听后会问我许多问题。B老师则把听课当成例行公事,搬着凳子听完就算完成任务了。有时,我会说:"你们要是准备好了,可以去上节课!"A老师听完很高兴,会认真准备,并在下课后追着我问她讲得怎么样、该如何改进,并表示还想再上一节课。B老师则会说:"我还是算了吧。"一个积极主动,一个消极被动,久而久之,结果可想而知。

态度决定高度。人与人之间的相处,需要用心对待,工作也是如此,你把工作当回事,用心去做,工作才会把你当回事,给予你更多的收获和成长。

五 多读善思勤写

读书、学习、实践、思考,是获得教育智慧的法宝。班主任要在学习中实践,在实践中反思。

(一)坚持读书

读万卷书,行万里路。读书是最好的修行。钱锺书先生说:"如果不读书,行万里路,也只是个邮差。"

苏霍姆林斯基在《给教师的建议》中提到了一个"一生准备一节课"的故

事。一次，一位历史老师上了一节非常精彩的公开课，在场的听课老师都被深深地吸引了。课后，一位老师问这位历史老师这节课准备了多久。这位历史老师说："对这节课，我准备了一辈子。而且，总的来说，对每一节课，我都是用终生的时间来备课的。不过，对这个课题的直接准备，或者说现场准备，只用了大约十五分钟。"①

从十五分钟到一辈子，这给了我很多启发。十五分钟里，这位老师表现出的对教材的理解、对整堂课的构思和设计等，正是以一辈子的积淀为基础的。我听过很多优秀老师的课，在他们的课堂上，无论出现什么意外，他们都能从容应对。他们广博的知识让我钦佩，他们的课让我入迷。我想，他们也是用一辈子在准备吧。

那么，如何进行这种准备呢？苏霍姆林斯基说："这就是读书，每天不间断地读书，跟书籍结下终生的友谊。潺潺小溪，每日不断，注入思想的大河。读书不是为了应付明天的课，而是出自内心的需要和对知识的渴求。"②

班主任的工作繁忙又琐碎，总感觉时间不够用。但越是如此，班主任就越要读书。"问渠那得清如许，为有源头活水来。"读书，不仅是班主任个人成长的需要，更是职业发展的必然要求。

（二）及时反思

叶澜教授认为，一位老师写一辈子教案不可能成为名师，如果一位老师写三年教学反思就有可能成为名师。他的观点深刻地揭示了反思在老师专业成长中的关键作用。

从班级管理角度来看，班主任要开展纪律维护、活动组织、家校沟通等大量工作，再加上小学生活泼好动，班主任若不常常反思，很容易陷入"头痛医头，脚痛医脚"的被动局面。例如，在处理学生违纪问题时，如果班主任只是按照班规进行处罚，而不反思学生行为背后的真正原因，那么类似的问题可能反复出现。通过反思，班主任能够将零散的管理经验系统化，发现潜在规律，从经验型管理转向科学型育人。

从学生心灵建设角度来看，反思有助于班主任打破认知局限。在传统教

---

① B. A. 苏霍姆林斯基. 给教师的建议[M]. 杜殿坤，编译. 北京：教育科学出版社，1984.
② B. A. 苏霍姆林斯基. 给教师的建议[M]. 杜殿坤，编译. 北京：教育科学出版社，1984.

育观念下,有的班主任以"权威者"自居,而一些善于反思的班主任会在教育教学活动中扮演"倾听者"和"陪伴者"的角色。例如,班主任在处理完学生冲突后,有时会发现学生不但没有和好,反而矛盾加深了。善于反思的班主任通过反思,可发现自身存在主观臆断的情况,会认真倾听学生的心声,从而增进师生间的思想交流和情感沟通,提升学生对教师的尊重和信任。这种反思驱动的教育行为调整,不仅能解决具体的问题,还能营造温暖的班级氛围,让教育真正触及学生的心灵。

反思还可以消除教师的职业倦怠。长期重复的工作容易消磨教师的教育热情,而反思能够赋予日常工作以研究价值。在教育教学过程中,班主任常常因为一堂课的成功与否而影响心情,或兴奋不已,或满怀遗憾;在班级管理过程中,班主任曾因为成功地解决问题而欣慰,也会因为教育不见效而苦恼。不管是经验还是遗憾,班主任都可以通过反思,将自己在教育教学中遇到的问题转化为研究课题,持续地研究。

对于班主任而言,坚持写教育反思不仅有助于其成为班级管理的行家里手,还有助于其成为学生心灵成长的导师。

（三）勤于写作

在班主任的自我成长过程中,写作有着极为重要的地位。

1. 记录经验与反思

班主任工作繁杂,会遇到各种各样的学生,碰到各种各样的情况,每天有处理不完的事情。有的问题处理得好,有的问题处理得不尽如人意,不管是经验还是反思,都可以通过写作将这些事情详细地记录下来。

有时会遇到棘手的班级管理问题或者教学问题,怎么解决的?效果如何?事后将思考过程和解决方案写下来,有助于班主任梳理思路,以后遇到类似问题时,可以将这些记录作为重要的参考资料,节省重新摸索的时间。

所有这些记录就像一面镜子,班主任在回顾时能够清楚地看到自己工作方法的优点和缺点,从而更好地调整工作策略。

2. 乐于分享和交流

作为班主任,我们要愿意分享自己的教育经验和观点,愿意与其他教育工作者交流。分享,意味着要整理和写作。在写作过程中,我们会对教育理念、班级管理方法等进行深入思考,这有助于我们加深对教育理论的理解,也有助于我们更为注重内容的逻辑性和严谨性。通过分享和交流,我们还能够从同行那里获得反馈和建议,从而拓宽自己的教育视野。

不管是跟身边的同事分享,还是去其他学校分享,我都欣然接受。每次分享前,我会再一次整理自己的稿子,增加一些新的理解和实践经验。待分享交流结束,我会虚心听取各位老师的建议,这一过程对于提高我的写作水平和教育教学水平大有裨益。

3. 情感宣泄与激励

班主任工作压力较大,写作可以成为一种情感宣泄的方式。我们可将工作中的烦恼、焦虑或者感动等通过文字表达出来,既能减轻心理压力,又能在记录学生的点滴进步和温暖瞬间时,重新感受工作的意义和价值,从而激励自己不断前行。翻开自己的写作记录,回顾自己在班主任工作中的成长轨迹,再一次近距离感受自己从最初面对问题时的不知所措到后来的游刃有余,我产生了强烈的成就感,进一步增强了自信心和工作动力。

(四)善于积累

经常聆听专家的报告,我们就会发现,很多报告都以故事的形式讲具体的事例。专家会向我们展示很多照片,活动的、比赛的、获奖的等,时间跨度大,但分类明确且一目了然。我惊讶于专家的用心。虽然我平时也做了很多,如每学期的家长会,我都会边讲边展示一些照片,有时还会将其制成电子相册或视频,家长们看得津津有味,但家长会过后,这些照片和视频似乎完成了使命,要么被我删除了,要么因为后期更换电脑被我弄丢了。说到底,我没有积累的意识,没把这些当作宝贵的资料。因此,身为班主任,我们要有积累的习惯,从而更好地开展教育教学工作。

1. 积累学生资料

首先,记录学生在课堂内外的表现、参加活动的情况、与同学相处的情况等,这有助于班主任全面了解学生。特别是一些潜能生,详细记录他们在学习、纪律、人际交往等方面的表现,可以让班主任迅速找到突破口,制定更准确的辅导策略,从而帮助学生进步。其次,记录学生的成长轨迹,有助于班主任发现学生的变化,及时给予关注和引导。最后,积累学生在校的各种表现,有助于班主任在与家长沟通时提供详细、准确的信息,便于更好地和家长探讨教育策略,实现家校共育。

2. 积累家长会资料

有时,同一个班级,班主任会连续任教好几年。每学期两次家长会,如果能把上次讲了什么、举了什么例子、看了什么照片等资料留下来,就可以避免重复。班主任还要善于记录和积累家长对班级和学校所做的贡献,在家长会上给予表扬和鼓励。

家长会从来不是在召开之际才开始准备的,而应从上次家长会结束就开始积累下次家长会的材料,包括学生的表现、家长的助力、班级的活动等。有丰富的积累作为沟通的支撑,家长会更加信任班主任,从而更愿意配合学校和班主任的工作。

3. 积累教育资源

班主任要将日常的教育教学思考、参加培训和研讨会的收获等资料积累下来,丰富自己的专业知识体系。例如,记录阅读教育书籍后的心得体会,或者从优秀班主任经验分享中获得的启发。

读书或上网时,班主任可以留心那些适合学生看的内容,发现好的资源时,应及时保存下来。班主任可以建立一个文件夹,分类积累富含哲理的小故事、励志的小视频、有趣的小游戏等,以便在合适的时候拿来使用。

例如,班级有的学生不爱学习、不写作业,科任老师苦口婆心对其进行教育后没有见效,这时,我会把自己积累的一些教育纪录片放给学生看。那些大山里的孩子,那些从小失去双亲的孩子,他们的坚强和努力让身为成年人的我颇为动容,我相信孩子们也会有所触动。又如,有的学生安全意识不强,经常做一些存在安全隐患的事情,我会把自己积累的安全方面的案例给学生看。这些活生生的例子,远比我的劝勉效果好得多,能够真正触动学生的心。

4. 积累教育案例

班主任在日常工作中会遇到各种各样的班级管理问题,如学生之间的冲突、班级纪律问题。积累这些问题的处理方式,能够在遇到类似问题时,快速从经验库中找到有效的解决策略。

例如,详细记录化解学生矛盾的案例、家校沟通的案例、对一些"问题学生"的鼓励和教育情况的持续跟进等,既便于班主任及时反思和调整教育教学策略,也为班主任以后的教育教学工作提供了借鉴。

六　身教重于言教

桃李不言,下自成蹊。班主任的一言一行,学生都看在眼里,榜样的力量是无穷的。因此,班主任一定要在各方面做学生的榜样。

(一)品格上的榜样

班主任要用自己高尚的师德和人格魅力去感染学生,以德服人。

1. 诚实守信

班主任答应学生的奖励,如减免作业或做一次游戏,一定要及时兑现,答应学生保守的秘密,也要守口如瓶。如果课堂上不小心写错字、讲错知识,班主任要积极认错并及时纠正,不要不好意思。班主任的诚实一定会得到学生的认可,学生也会在潜移默化中养成言出必行的好习惯。

2. 善良宽容

面对调皮的学生和班里出现的争吵、打闹,班主任不要一味地指责批评,而要耐心倾听学生的心声,以温和包容的态度引导学生,同时引导学生进行换位思考,做到心胸宽广,不斤斤计较。对于乐于助人的学生,班主任要大加赞赏;对于及时改正错误的学生,班主任要给予更多的鼓励。班主任要引导学生善于发现身边的美好,营造善良宽容的班级氛围。

3. 坚韧不拔

有的学生在遇到困难时会退缩或者干脆放弃,比如写作业遇到难题时会空着不做,不愿意参加各项比赛。班主任不仅要鼓励学生,更要用实际行动影响学生。在运动会、器乐比赛、亲子马拉松等活动中,如遇到困难,班主任不要表现出焦虑退缩的情绪,而应和学生一起积极面对,力争做到最好,让学生看到班主任在面对挫折时所展现的积极态度,以此培养学生坚韧不拔的品格。

(二)行为上的示范

千言万语不如躬亲示范。要求学生做到的事情,班主任要先以身作则,给学生树立榜样。例如，不准学生迟到，班主任就第一个进教室；要求学生认真书写，班主任写的作文批语、期末评语等就要认认真真、工工整整。

校园里经常遇到学生打招呼，对于学生的礼貌问好，班主任应面带微笑，有所回应。班主任进出教室要轻轻关门，讲桌上的物品要摆放整齐，看到地上的纸花要顺手捡起……这些看似细微的行为，学生看在眼里、记在心上，慢慢地，他们变得更加懂礼貌、守秩序了。

在日常活动中，班主任亦要率先垂范。例如，每天的课间操，班主任可以提前换好运动鞋和学生一起跑步；跳大绳时，如有学生不敢跳，班主任可以拉着他们的手，瞅准时机一遍遍带着他们冲进去；一分钟跳绳，如果学生跳的数量不多，班主任可以给学生做示范，让学生计时、数数，然后让学生挑战并打破纪录。

教书育人，为人师表。班主任的言行举止会深深地影响学生。

第二章

运用智慧管理班级

爱是教育的灵魂,没有爱就没有教育。在班级管理中,班主任的爱必不可少。但是,班主任面对的是一群需要引导和帮助的学生。仅凭爱,不能解决一切问题,还需要方法、策略和技巧。

相信大家都读过陶行知先生的"四块糖"的故事,我也读过很多遍。我被陶先生的教育智慧深深地折服。

陶先生当小学校长时,有一天看到一个学生用泥块砸自己班上的同学,于是立刻上前制止,并让他放学后到校长室去。放学后,陶先生来到校长室,那个学生已经在门口了。陶先生对那个学生没有一句批评,却奖励了他四块糖。第一块糖,奖励他按时到达,遵守时间;第二块糖奖励他听到老师制止,能及时住手,说明他懂得尊重别人;第三块糖奖励他正直善良、有正义感;第四块糖奖励他能正确认识自己的错误。每一块糖的发放都紧紧抓住学生的优点,是那样自然贴切、恰到好处。

那个犯错的学生来到校长室时,他的心情一定是忐忑不安,甚至是恐惧的。他没想到,陶先生目之所及皆是他的优点,还奖励了他,这对他的触动很大。陶先生没有一句批评,却达到了很好的教育效果。他的教育智慧是以爱和宽容为前提的,而爱是通过智慧来传达的,爱和智慧水乳交融。

在班级管理中,班主任也要把爱和智慧结合起来,要了解学生的需求,科学地制定个性化的激励机制,在爱学生的同时,给予学生理解、宽容、指导和帮助。要让每个学生在规则中感受到尊重,让班级的温暖有章可循。

一 ○ 班规领航班级

（一）切实可行的班规

没有规矩,不成方圆。开学初,班主任要利用班会时间跟学生一起讨论、制定切实可行的班规。班规设置要合理,标准要统一,要以鼓励为主,然后全班举手通过。制定班规时,不能班主任一人说了算,班主任既要赋予学生一定的权力,又不能完全放权。全班通过的班规,最好在教室里张贴出来,这样可以时时提醒学生。全班都要严格遵守和执行班规,并定期进行总结。

1. 人人有事做

人人有事做,事事有人做。要让每个学生都能在集体中找到自己的责任与价值,确保班级各项事务都能有序推进。

首先,设立多样化的班级职务。除了班长、学习委员等常规职务,还可设置图书管理员、绿植美容师、安全小卫士等。图书管理员负责整理图书角、登记借阅情况,定期向同学们推荐好书;绿植美容师负责照顾教室里的花草,浇水、修剪,让教室充满生机;安全小卫士负责检查桌椅、电器是否完好,发现问题及时报修。卫生打扫精细划分,扫地、拖地、擦黑板、整理书橱等,都精确到人。

其次,成立班级监督小组,成员轮流担任,对各项事务执行情况进行检查反馈。比如卫生打扫是否达标,课间是否有同学在走廊打闹、在教室大声喧哗,发现问题要及时记录并通知相关责任人进行整改。各监督小组成员负责检查同学们是否独立、认真地完成作业,是否及时进行纠错等,每天反馈。每周五下午召开班会,让学生畅所欲言并对本周表现进行总结。

2. 不可触碰的底线

学生之间难免有争执和摩擦,有的甚至会"大打出手",每次他们都会把责任往对方身上推。解决这样的事情很费时间,可往往第二天,打架双方就跟没事人一样。于是,我和同学们想了一个办法,在班规里设了两条最严厉的、不可触碰的规定。一是不准打架。不管什么情况,都不准打架,有矛盾要商量解决,要以理服人,解决不了的可以找老师调解。二是注意安全。老师讲过的、同学们提到的、能够预见到的安全隐患,都要规避,不可明知故犯。学生只要违反其中一条,学期评先选优时便会被一票否决。

这样一来,每当遇到两个学生闹矛盾,我总是笑眯眯地说:"你们都冷静一下,老师先问你们两个问题。一是你们先给这次的事情定个性,是打架,还是闹着玩呢?二是这件事要老师解决,还是你们自己商量解决?给你们五分钟的时间。别忘了我们班不可触碰的底线哦。"这时,我一般会走开,留下他俩协商解决。往往不到五分钟,刚才还怒目相视的俩人就笑嘻嘻地找我了。不用问,事情解决了。于是,我再让他们说说自己错在哪里并相互道歉、握手或拥抱。我会从旁观察,看看两人是真和好了,还是假装和好。如果仅仅是为了避开班规中的底线问题,我会进一步协调和沟通,或者在接下来的几天继续观察,发现问题及时解决。学生会在冷静之后,及时抓住我给的机会,迅速和解。这个办法屡试不爽。到现在为止,还没有哪位同学因为这条班规而被取消评优资格。

(二)一视同仁,公平公正

所有的班规在落实的过程中,如果失去了公平,班主任就失去了学生的信任。想做到公平公正,班主任应注意两方面:第一,班主任在处理事情的时候,不管面对什么样的学生,都要注意自己处理问题的方式、说话的态度和语气,要让学生感受到公平公正和一视同仁。第二,班主任在进行评价的时候,会遇到以下情况:各方面都很优秀的同学,分数往往遥遥领先,特别是负责加分的同学,有的学生会提出疑问,比如,他们的分数高是不是因为给自己多加了分数?为了避免这种情况的发生,我一般会找两个同学负责加分:一个是品学兼优的学生,一个是调皮的学生或潜能生,他们都是全班公认的诚实守信的孩子。每次加减分,除了要经过我的同意,还得两人都在场。

班主任的公平公正是班规能真正实施下去的前提。

(三)及时反馈,持之以恒

评价反馈是教育活动中的重要环节。及时有效的反馈可以激发学生的正能量,促使学生养成良好的习惯。对学生来说,无论怎样好的行为,只有化为习惯,才能终身受益。对于班级管理而言,无论怎样好的评价方式,如果只进行一两回,而未持之以恒,还不如不出现。所以,对每次活动进行及时的评价和反馈就显得非常重要。上操、集会、升旗等活动结束后,班主任可以拿出几分钟的时间反馈同学们的表现。

当然,反馈不是批判会,要注意方式和方法。班主任既要让学生知道别人优秀在哪里,也要让他们知道自己为什么错了、应该如何改正。千万不要指望一次就能把问题解决,班主任要坚持不懈、慢慢引导。

学生犯了错,班主任要给学生改错的机会。所以,班会结束时,我一定会说:"同学们,人无完人。第一次出现这个问题,责任在老师。现在大家都知道该怎样做了,如果再有同学犯类似的错误,那就是明知故犯,就是跟我们全班同学作对。"学生很懂事,一般来说,他们会感激老师给他们改错的机会,不会再犯。

课间操跑操问题

当天气逐渐变冷,课间操的活动变成跑操的时候,有经验的班主任会很注意第一次跑操,会提前把要求说得很具体,比如要注意安全、不能说话、前后左右看齐。但不管班主任想得多周到,跑操过程中还会有问题出现。这时,班主任要细心观察,一旦发现问题,要及时反馈。

我们班的跑操,我是这样引导的:

第一天跑操,发现问题(一):跑操的速度掌握不好,忽快忽慢,特别是前面的班级突然慢下来的时候,我们班会有很多同学控制不住速度,撞到前面的同学,这时,队伍里不仅充斥着同学们的喧哗声,还存在安全隐患。这种情况如不及时反馈,第二天,便会有调皮的学生因为觉得好玩而故意为之。

回到教室,我立刻引导学生展开讨论:今天的跑操有什么优点?存在什么问题?怎么解决?

讨论出来的解决办法:体育班长把控好速度,跟前面班级保持一定的距离,提前预判步伐该小一点还是大一点。看到离前面班级太近了,就提前放慢速度或者减小步伐,不能突然加速和减速。就这样,训练几天就好了。

过几天跑操,发现问题(二):跑操的过程中,有人鞋带开了,系好鞋带后,他(她)又回到队伍中自己原来的位置了。

回到教室,我引导学生继续讨论:今天的跑操有什么问题?怎样做更好?

同学们会发现,跑操过程中,如果队伍里突然增加或减少一个同学,不仅会使队伍变乱,还容易引发安全事故。

讨论出来的解决办法：站队上操之前，所有同学先把鞋带系好，不会系鞋带的向会系的请教。跑操过程中，如果有人出去系鞋带，后面的同学直接补位。系好鞋带的同学跟在队伍后面就行，不要回到原来的位置。以后不管什么原因出了跑操队伍，再回来时，都跟在队伍的最后面。

又过了几天，发现问题（三）：路上有水坑，绕过水坑时，有的学生踩到水，湿了自己的鞋子或溅湿了别人的衣服，队伍里出现了吵闹声。

讨论出来的解决办法：首先，体育班长要灵活，要提前判断，带领队伍避开水坑。其次，不能故意去踩水，即使有人踩着水了，也不要大惊小怪，不要斤斤计较。以后遇到突发情况都这样去做，比如突然下小雨了，大家要做到沉着、冷静、听指挥。

几天后，发现问题（四）：跑操过程中有人摔倒了。

我们按照惯例继续讨论：为什么会摔倒？是自己的原因，还是别人的原因？是不是分神了？

讨论出来的解决办法：每个人都专心致志地跑操，不说话、不东张西望。注意保持距离，注意脚下。

时间长了，再遇到问题，同学们自己就知道想办法解决了。比如天气变得越来越冷了，有的同学会把手插进口袋里。怎么解决这个问题？戴手套。再如，大课间既要跑操又要加餐喝奶，时间冲突，怎么办？改为第一节课间或第三节课间喝奶。

办法总比困难多。反馈越及时、越细致，同学们越知道如何去做，班主任的工作就越主动。问题的解决，不仅体现了班主任的智慧，也激发了学生的智慧。

二 树立荣誉观念

（一）让班级充满正能量

我一直主张认真做事，也教育学生不管是在学习上还是在比赛中，都要尽全力，做最好的自己。班级的比赛，要认真对待、团结协作。所以，我们班在学校组织的合唱、器乐、运动会等比赛中总能获得一等奖。学生在自发参加的各项比赛（如作文大赛、演讲比赛、书法大赛）中，也总能斩获一等奖。成绩的取得，会增强班级的凝聚力、提升学生的集体荣誉感，班级也会充满积极向上的正能量。有比赛就会有输赢，会有比赛失利的时候，会看到情绪低落的学生，也会听到相互埋怨的声音，这时就需要班主任给予及时、正确的引导。

奖牌与奖状哪个好？

学校开运动会，我们班取得了不错的成绩，团体总分第一名，学校给个人前三名的同学分别发金奖、银奖、铜奖的奖牌。后又补发了一些当天没来得及颁发的奖牌。拿到奖牌的学生非常开心。

忽然，一个男同学送过来几张奖状，说是学校发给那些一块奖牌也没得到的同学。我一看，上面写着：优秀运动员。学校想得可真周到，这对于那些在运动场上努力拼搏的学生来说，真是个好事，他们的努力和拼搏学校都看在眼里。学校特给予别样的奖状，以示对他们的鼓励和认可。

我把这一消息告诉大家后，班里顿时沸腾起来，没得到奖牌的学生高兴得手舞足蹈。突然，一个学生大喊了一声："那还不如发个奖状来。"我一看，是获得铜牌的小刚。这时，班里又出现了几个跟他意见相同的人。

我一愣，他们怎么会这么想？于是，我就问："你们是怎么想的？"

小刚说："奖牌是假的，金牌又不值钱，奖状可以贴在墙上。"

小林反驳道："奖牌可以收藏，奖状容易破，贴在墙上就拿不下来了。"

小毅说："奖状贴在墙上，别人看见了会夸'你看看这个小孩儿，真了不起'。"

也有学生表示，不管是奖牌还是奖状，代表的都是荣誉，都一样。他们七嘴八舌地表达着自己的看法。看来，有的学生看重的是别人的评价，在意的是别人的夸奖。在他们眼里，有人夸奖就是有意义的。

学生的发言让我陷入了沉思，我相信学校的出发点是好的，是想鼓励学生参与，但凡事皆有两面性，这样做，是否也有不合理的一面呢？我想起了运动会上相似的一幕。

全校三十多个班级，评选了八个优秀方队，我们班是其中一个。连续多天的训练，我们没有白付出，体育班长高高兴兴地上台领奖。谁知，接下来，学校给没有获得优秀方队的二十多个班级也颁发了奖状，呼啦啦一大群学生上台领奖。主席台都挤不下了，好壮观啊！我们班的学生惊讶得瞪大了眼睛，"怎么可以这样？！"他们纷纷表达着不满，瞬间感觉好不容易获得的优秀方队奖不香了！

是啊，运动会年年开，年年都有方队表演，我们班一直认真对待，每年都用新的音乐、排练新的动作。为了能评上优秀方队，大家白天练、晚上练，家长也很重视，从服装到道具，再到班牌，力求做到最好。反观有的班级为了省事，直接用去年的音乐和动作。

比赛结束，我们终于拿到了优秀方队的奖状，本来还感觉有付出就有收获，结果所有参加的班级都有奖状。那一瞬间，不仅学生不高兴，我也有一丝不悦。不知道那些一天没练仍然能拿到奖状的班级会不会说："看看，我们不用练习，奖状依然到手。"重视与不重视、练习与不练习，总得有所区别才好。都一样，会让人心理不平衡，也会助长投机取巧者的侥幸心理。在以后的活动中，谁还会用心准备呢？想到这里，我似乎也能理解学生的想法了。

回到办公室，我冷静地想了想，感觉上面两件事有相似之处，但也有不同。班级方队表演是做与不做的区别，运动比赛是能力大小的不同。因为我相信学生在运动场上都是竭尽全力的。面对愤愤不平的学生，我该怎么引导呢？在以后的比赛中，他们还能保持那份力争第一的拼搏精神吗？如果因为几张奖状而让他们心态失衡，从而失去对体育运动的热爱，奖牌和奖状也就失去了原本的意义。

想到这里，我从抽屉里拿出了一张小小的"奖状"，重新走进了教室。我展示给学生看，他们瞪大了眼睛。我讲了这张"奖状"的来历："这是上一届学生为我颁发的'奖状'，是在班级合唱比赛获得一等奖的时候，两个女同学专门为我制作的，尽管'奖状'不大，字也不算漂亮，但它在我心中意义非凡，因为这是我和同学们一起努力的见证，是同学们对我的付出的肯定。每当看到这张'奖状'，我的心中就暖暖的。我一直珍藏着它，因为我觉得，这是学生给予我的最高荣誉，比其他任何荣誉都让我感到自豪。"

同学们静静地听着，再看看小刚和小毅，他们平静了很多，似乎若有所思。

（二）树立正确荣誉观的策略

为帮助学生树立正确的荣誉观，我又做了如下工作。

1. 个别沟通，了解心声

我分别找获得奖牌和获得奖状的同学单独谈话，耐心倾听他们的心里话，充分了解他们的真实想法。

2. 认识奖牌和奖状的不同价值

我引导学生讨论奖牌和奖状的不同价值。

奖牌代表你在赛场上脱颖而出。它不仅仅是一个物品，更是你在运动场上一路拼搏的见证，是对优异成绩的肯定和鼓励，是一种殊荣。

奖状也有独特的意义。有些学生虽然没获得奖牌，但他们也在不断地努力着、拼搏着，这份坚持和付出通过奖状体现了出来，奖状是对他们拼搏精神的认可和肯定。

奖状与奖牌承载的是不同维度的优秀。

3. 提供展示的机会

我充分利用教室墙壁以及后面的黑板，设置了一个《身边的榜样》栏目。然后让学生戴上奖牌，举起奖状，给每个学生单独拍照。我不仅将照片发到班级群里，还给获奖学生的家长也发了一份。请家长把孩子的照片洗出来，放到《身边的榜样》那里，再配上一段获奖介绍。这样，获得荣誉的学生有了充分展示自己成绩的平台，其他学生也能从中汲取奋进的力量。

4. 树立多元荣誉观

我让学生搜集一些在各方面取得很高荣誉的先进人物的事迹，然后召开了以"荣誉"为主题的班会。在班会上，我先让学生谈谈自己对荣誉的理解，再交流搜集的资料；之后，我通过课件、视频等进行了补充，引导学生明白，很多伟大的科学家、艺术家所追求的并不是挂在墙上的奖状或是摆在桌上的证书，而是在攻克难关、克服困难过程中的自我突破和成长。运动会上，那些在比赛中获得奖牌的学生，在速度、力量或耐力方面比大多数对手都强，说明他们具备出色的身体素质和运动技能，这才是最值得骄傲的地方。无论是奖牌还是奖状，它们都只是现阶段的一个小结，也是未来的一个新起点。

经过这样一番讨论，学生对荣誉有了更正确的认识和理解。

三　抓住首次契机

（一）注重首因效应

首因效应就是第一印象，班主任要重视跟家长和学生的第一次见面。新学期开始前,学生和家长对老师,特别是班主任充满了期待。当班主任第一次出现在学生和家长面前时,他们会根据班主任的穿着打扮、言谈举止对其有一个初步的评价。这个评价会先入为主地左右着他们对班主任的态度,也会影响接下来工作的开展。所以,班主任一定要注重首因效应,做好准备。

1. 提前了解学生

班主任可以通过前任班主任和任课老师尽可能全面地了解班级学生的情况,不仅了解学生的学习成绩、性格特点、行为习惯等,还可以充分利用微信群,了解家庭的情况并做好记录。这会对开展班级工作有所帮助。比如班主任可以在返校当天安排离家近的学生到校做小志愿者;在安排室外卫生打扫等事情时,可充分考虑学生的情况,离家远的尽量不要安排;要尽可能多地提前记住学生的姓名,如果有照片,把姓名和照片对应起来记,那就更好了。试想,如果开学第一天,班主任就能叫出学生的名字,这得给学生多大的惊喜啊!

2. 精心装扮教室

开学第一天,很多班主任会提前把教室布置一番,桌椅整齐、地面干净整洁。有的班主任还会在黑板上写一些话,"欢迎新同学"是出现最多的。学生进入新的班级,面对新的班主任,他们希望有一个新的开始。所以,开学第一天是对学生进行思想教育、提升班级凝聚力的大好时机。班主任可以充分利用这一契机,在黑板上写一些鼓励性的话语,如"你是班级的主人""做最好的自己,创最好的班级",也可以写一些有启发性的话语,如"好的开始是成功的一半"。最好精心挑选,并与自己的发言稿对应起来。

3. 认真准备发言稿

开学第一天,班主任要做的事情很多。尽管被各种琐事包围,但对于跟家长的第一次见面,班主任都很重视。我会精心准备家长会的发言稿,并在平时的工作中积累与家长会相关的素材,提前多天思考要说些什么以及怎么说,甚至会把要说的话写下来。

但对于跟学生的第一次见面,班主任的重视程度远远不够。班主任的教育教学需要家长的支持,但更多的时间是跟学生打交道,所以,班主任更应该重视与学生的第一次见面。班主任应通过发言,在学生面前树立良好的形象,为建立良好的师生关系打好基础,让学生心中充满希望、动力。

班主任应提前做好各项准备工作,从而在开学第一天就自信满满地出现在学生面前,有条不紊地开展各项工作。

(二)注重破窗效应

如果一个房子的窗户被打破后没有及时得到修复,别人可能认为这里无人管理,进而招致更多的窗户被打破。我们到了一个很安静的地方,会不好意思大声说话,但如果这个地方很喧哗,我们说话的分贝值也会相应提高。破窗效应提醒人们要重视对小问题的预防和治理。

在班级管理中,破窗效应给我最大的启示是,要重视学生犯错误的"第一次"。如果发现班级中出现了一个不好的现象,且这个现象值得说一说,那班主任一定要先放下其他工作,把这件事说一说。如果不解决这件事,接下来,同样的事情会接二连三地出现。比如有人在卫生间里打闹或在楼梯上推搡,如果班主任视而不见,那么接下来就会有很多学生加入打闹和推搡的队伍。班主任的轻描淡写或视而不见,就是对错误的纵容,不仅纵容了犯错的学生,也给了其他学生一种暗示或引导——既然他们可以这样做,那我也可以这样做。有了"第一块未及时修理的玻璃",各种问题有可能陆续出现,会直接影响班级管理。

一天上午,小 A 同学非常紧张地跟我说,他惊讶地发现自己竟然带钱来学校了,说是昨天买本子剩了三块钱,忘拿出来了。因为我一直强调不让学生带零钱到学校,所以小 A 主动认错时我挺欣慰的。首先,我表扬了他的诚实,然后告诉他把钱放家里。

没想到过了两天,我竟然在小 A 的桌子上发现了一块钱。原来,他并没有把钱放回家。又过了一天,班里的小 B 带了一百块钱到学校,被同学发现并举报了。

这件事引起了我的反思。其实,无论学生带一块钱还是带一百块钱,都违反了班规。我不能因为小 A 带的钱少或是他主动跟我承认错误,就将小 A 和小 B 区别对待。

小 A 本来是非常紧张的,所以主动来认错,结果我轻描淡写地把这件事放下了,他那一颗悬着的心也放下了。他预期的批评和惩戒并没有出现,所以他觉得这件事不要紧,就没有及时地把钱放回去,也导致小 B 同学带来了钱。

四 ○ 打造班级特色

班主任要用心经营班级,要创出自己的班级特色,可以从自己最擅长的一点入手。

如果班主任有运动特长,可以从运动入手,与学生打篮球、踢足球等;如果班主任擅长开主题班会,可以从这方面入手,精心设计每一堂班会课;如果班主任擅长组织活动,可以精心组织跳绳比赛、合唱比赛等班级活动,提升班级的凝聚力。

每个班主任都有自己的妙招,关键是要找到适合自己的。不管是活动引领、文化引领还是班会引领,每种做法都可以试一试,只要我们有研究的决心,就一定能找到适合自己班级的方法。这个过程也是班主任不断成长的过程。

我比较注重班级文化建设,先从精神文化建设入手,把学生的思想统一起来;然后辐射班级的物质文化建设、制度文化建设、活动文化建设等;最后,落实到行动上。

班级成立之初,我会和学生一起商量班名、班规、班训,设计班徽,创建班级报纸,编辑班级作文选。然后通过各项活动时时践行班级文化,如运动会、合唱比赛、班牌、班报、班级作文选,凡是可以展现班徽和班训的,都让它们出现,以此来潜移默化地影响学生,让班级文化深入他们心中。

幸福二班成长记

1. 班名:幸福二班。

2. 班规:在规定的时间,做规定的事。

3. 班训:让别人因我的存在而感到幸福。

4. 班级目标:做最好的自己,创最好的班级。

5. 班歌:《幸福拍手歌》。

6. 班主任寄语:不积跬步无以至千里,不积小流无以成江海。

【成长过程】

一、幸福班

1. 讨论设计班级的文化标识。

我特别喜欢"让人们因我的存在而感到幸福"这句话,因为我一直在想办法引导学生发现美好、创造美好。

开学初,我把这句话改为"让别人因我的存在而感到幸福",将其写在了黑板上,并让每个学生谈一谈自己对这句话的理解。最后,我说:"想让别人因我们的存在而感到幸福,那我们首先要做一个不打扰别人、不给别人添麻烦的人。课堂上认真听讲、积极发言,路队上安静有序,卫生干净整洁,良好的学习和生活环境会让老师和同学感到幸福。其次,要做一个乐于助人的人,别人有了困难,我们应及时伸出援助之手,就像送玫瑰花一样,把芳香送给别人;要做一个懂得感恩的人,在享受芳香的同时,把赞美送给别人。若我们都能这样做,那我们生活在一起就是幸福的、快乐的,我们这个班级就是一个幸福的大家庭。"

经过讨论,我们将班名确定为"幸福二班",我们的班训是"让别人因我的存在而感到幸福",我们的班级目标是"做最好的自己,创最好的班级"。人人做最好的自己,班级就会成为最好的班级。班规是"在规定的时间,做规定的事",班歌是《幸福拍手歌》。

如何让我们的班级更有凝聚力?接下来,我们决定给班级制作一个班徽。我把和学生讨论的内容发到班级群里后,家长纷纷参与进来,并提出了自己的看法。我们设计了多个版本的班徽,选了两个,家委会在班级群里以接龙投票的方式从中选出自己喜欢的班徽。大家兴致高涨,最后我们确定用雅萱爸爸设计的第二个版本。班徽是圆形的,大圆里面有个小圆,圆环里最上面是学校的全称,下面是幸福二班,左边写着"扬帆起航",右边写着"向着幸福进发"。

小圆里的图案由展开的书本、扬起的船帆和翱翔的海鸥组成。一本展开的大书,寓意孩子们热爱读书、喜欢读书,在书香的浸润下茁壮成长;翱翔的海鸥如同可爱的孩子们;扬起的船帆代表扬帆起航的四年级二班。整个班徽的寓意就是幸福二班的孩子们如展翅翱翔的海鸥,在书香的浸润下,翱翔于蓝天与碧波之间。整个班级就像一艘鼓足了劲的帆船,扬帆起航,驶往心中的目标。

2. 解读文化标识,强化入心。

首先,让班级文化标识上墙。然后召开班会,充分解读文化标识的含义。特别是班训和班徽,让每个学生将"人人为我,我为人人"理念牢记于心并为此努力。

3. 向任课老师宣传,师生共同维护。

班规和班训常被认为是用来规范学生的行为的,只向学生指明努力的方向。其实不然，它是面向全体师生的。在课堂上，老师如果能把学生的学习兴趣调动起来，学生愿意主动、积极地参与课堂，成为课堂的主人，这就是最大的幸福。幸福是相互的。每位老师都希望学生爱上自己的课，但是，怎样把课上得吸引人呢？我和任课老师一起讨论，经过集体备班，最终达成共识。

4. 制作班徽、班牌和班旗。

雅萱爸爸为班级定制了班徽，每人一个；浩瑜爸爸为班级制作了班牌；张镇妈妈为班级制作了班旗。班牌和班旗上都有我们的班徽、班名和班训。家长定做的运动会号码簿上也有我们的班徽。参加集体比赛的时候，学生会将班徽别在班服上。运动会方队表演时，学生会举着我们的特色班牌入场，自豪感满满。外出研学时，我们的班旗迎风招展，很多人向我们投来赞赏的目光。

二、《幸福报》

《幸福报》是我们的班报，设有以下版块：班级荣誉、优秀作文、绘画，还有学生的心声。班报的左边是班徽，右边是一道彩虹，配有一句温馨的话："发现美好，记录成长，让笔尖流淌幸福。"这样做，也是希望班级的精神能时时刻刻陪伴、影响着学生。

《幸福报》的稿件来自我们班的学生，由学生和家长共同编辑，每周一期。我将编辑好的班报彩打出来，一部分张贴在教室墙上，一部分留在班里供学生传阅。然后，将班报的电子版发送至班级群，供学生和家长随时打印和学习。

三、幸福墙

我会充分利用教室的墙壁，把《幸福报》和学生的书法、绘画作品等张贴到南北两侧的墙上，供学生学习。我们在教室后面的黑板上开辟了一个专栏——《身边的榜样》。在此张贴优秀学生和进步学生的照片和简介，每月一换。学生称我们教室的墙壁是幸福墙。

四、幸福人

"让别人因我的存在而感到幸福"是我们幸福班的班训，给别人带来幸福的同时，学生也在感受着幸福。学生懂得了感恩，学会了互助，不再斤斤计较，更加团结友爱。班级文化已深入他们内心，他们时时刻刻用行动践行着班级文化。

"五一"前后，学校要举行运动会，这几天我们一直在练方队。中午吃完饭，我领着学生到操场上练了一会儿，回来时已经12:00了，估计其他班级的老师和同学已经午休了。我们的教室在四楼,每次上下楼时总有学生说笑,脚步踩得楼梯咚咚响。尽管我每次都会提醒"脚步轻,没有声",但总有个别调皮的学生做不到,嘻嘻哈哈的。我理解这个年龄段的学生,有些顽皮也正常。但这次不同,现在是午睡时间。

于是,我说道:"同学们,还记得我们的班训吗?""让别人因我的存在而感到幸福!"同学们大声说。

"是啊,那现在我们要回教室了,其他班级的老师和同学都休息了。我们该怎么做?"有的学生说:"保持安静!"

"对的。要是我们上楼梯的声音太大,把别人吵醒了,他们会感到幸福吗?"

一个调皮的学生说:"老师,我们要像小猫一样,悄悄地上楼,悄悄地回教室,对吗?"

我看了看那个调皮的学生,朝他竖起了大拇指,又故意看了看另外几个平时调皮的学生,他们没说啥,只是朝我笑了笑。

我领着学生从一楼到四楼,穿过长长的走廊到达教室,再趴在课桌上休息,大家真的做到了安静有序。以往的嘻嘻哈哈声没有了,咚咚响的脚步声也不见了。他们真的做到了"让别人因我的存在而感到幸福"。

这样的事例还有很多。一天,学校邀请了退役军人志愿服务大队到校对学生进行国防教育。学生在走廊站队,要去报告厅,有的学生连忙把教室里的灯关了,我提醒他们把电脑也关了。这时,有学生说,有个班级教室的灯没关,于是,连忙跑进去关了。继续往前走,又一个班级的灯没关,小芮迅速跑进去关了。

去餐厅吃饭,有的班的凳子没放好,我班的学生会顺手轻轻地放好;卫生间的水龙头没关紧,他们会顺手拧紧……赠人玫瑰,手有余香;人人为我,我为人人。每个人在服务别人的同时也在享受着别人的服务。

五 德育点亮班级

(一)分年级,侧重培养

要成才,先成人。班主任要重视品格培养,始终把品德教育放在首位。我们学校一直倡导"以品格点亮生命",每个年级都有一个品格培养关键词,如一年级的"关心"、二年级的"自信"、三年级的"尊重"、四年级的"诚信"、五年级的"责任"、六年级的"感恩"。

1. 关心

(1)关心自己,注意安全,会照顾自己。

(2)关心家人,主动承担力所能及的家务劳动。

(3)关心他人,愿意帮助同学。

(4)乐于跟同伴分享与合作。

(5)爱护桌椅、书本,不在书上乱写乱画。

(6)爱护花草树木,不践踏草坪,不攀折花木。

2. 自信

(1)独立完成作业,主动向老师请教不会的部分。

(2)积极发言,声音响亮。

(3)能在同学面前展示自己的才艺。

(4)学会欣赏自己,能说出自己的优点。

(5)遇到问题,敢于尝试。

(6)不怕犯错,知错能改。

(7)主动交往,主动交流。

3. 尊重

(1)尊重自己,认真做好每一件事。

(2)认真倾听,不打断别人讲话。

(3)礼貌待人,学会使用礼貌用语。

(4)团结友爱,不嘲笑别人。

(5)轻声慢步,营造温馨的环境。

(6)尊重隐私,不动别人东西。

(7)尊重父母,不挑吃穿,不乱花钱,不顶撞父母。

(8)勤俭节约,用好每一张纸、每一滴水、每一度电……

4. 诚信

(1)诚实守信,不说谎话。

（2）信守承诺，答应别人的事要努力做到。

（3）按时并认真完成老师布置的作业，独立考试不抄袭。

（4）做错事敢于承认，并立即改正。

（5）借东西要及时归还。

（6）按时到校，不迟到；放学及时回家，不拖拉。

（7）与别人约定了时间，要按时赴约。

5. 责任

（1）能独立、高效地完成各科作业。

（2）能管理好自己的时间。

（3）能明确自己的职责，并认真履行。

（4）善于反思自己的生活和行为。

（5）勇于承担自己的过失。

6. 感恩

（1）主动向父母表达爱意和感谢，主动做家务。

（2）尊重老师，努力学习，认真听讲，作业工整。

（3）学会关心和帮助身边的人，对同学的帮助心怀感激。

（4）积极参加力所能及的社会公益活动。

（5）爱护花草树木，珍惜虫鸣蝶舞，感谢大自然给予的美好世界。

在工作中，班主任可根据这些品格培养的关键词，在不同的年级，通过不同的活动，引导学生一步步达成目标。

2016—2017 学年度第二学期六年级落实品格培养方法与策略（感恩）

一、语文学科

1. 通过《聂将军与日本小姑娘》中美穗子看望聂将军、感谢聂将军的举动，老师引导学生要心怀感恩之心，要感谢他人对自己的帮助。

2. 《海洋——21 世纪的希望》告诉我们要保护海洋、珍惜海洋资源。这是对大自然最好的尊重和感恩。

3. 语文课本第七单元《莫泊桑拜师》《理想的风筝》《孔子游春》这三篇文章，向我们讲述了古今中外的三位名师——福楼拜、刘老师、孔子的故事，他们循循善诱、积极乐观、热心提携后辈的精神品质令我们敬佩，值得我们尊敬。以此让学生交流老师对自己的关心和帮助,并谈谈:马上要小学毕业了,你想对老师说什么? 想用什么样的实际行动感谢老师对你的帮助呢?

《明天,我们毕业》的作者回顾了自己小学生活的片段,抒发了对学校、老师、同学的眷恋之情。可结合这篇课文让学生写写自己在小学生活成长的经历,写写老师对自己的教育,写写同学对自己的帮助,写写即将毕业的自己会如何感谢陪伴自己成长的同学、帮助关心自己的老师以及给自己带来快乐和成长的学校。

二、教学活动

1. 课前三分钟讲感恩故事。

可以讲身边的感恩故事,如同学之间互相帮助、关心班集体、关心学校,也可以讲从课外读物中读到的感恩故事。

2. 小组合作及展示。

在小组合作和展示中,同学们相互学习、评价。对于别人的帮助,要及时说"谢谢",要感谢别人给自己指出缺点,感谢同学的帮助让自己更好地成长。

3. 作业。

认真完成作业,一笔一画地书写不仅是一个好习惯,还可以节约老师批阅的时间,这是对老师的感恩。

4. 对于朗读、听写、单元检测等,同桌之间要相互帮助,知道感恩,尽量少出错,让自己取得更大的进步。

三、常规活动

1. 制订学习计划。

每天除了及时、认真地完成老师布置的作业,还要合理安排自己的事情。在每天的计划中,必不可少的有三项:读书、体育锻炼和做家务活。让学生每天做一件家务活,体会父母的辛苦,懂得感恩父母。

2. 按时到校,做好课前准备。

教育学生每天按时到校,不迟到,不无故缺课,及时做好课前准备,不让老师担心,不浪费同学的时间。这既是良好的习惯,又是对别人的尊重和感恩。

3. 卫生方面。

养成良好的卫生习惯,及时清理自己的桌椅,保持环境整洁。对于自己负责的卫生任务,要及时完成。每个学生都为班级的干净整洁做出了努力,这也是对同学的感恩。

4. 足球课。

足球课上，同学互助的事例很多，如拿书包、拿足球器材。班主任可借此引导学生仔细观察、学会感恩，让感恩的种子在学生的心中生根发芽。

四、主题活动

古诗大赛是本学期组织的一次重要活动，班主任应引导学生在大赛前积极准备、认真背诵、相互帮助，在比赛中积极参与、踊跃发言、尊重对方。活动结束后，引导学生谈谈参加活动的收获、有没有值得感恩的人以及想对他说什么。

六年级二班感恩教育活动总结

一、感恩故事人人讲

我让学生以"感恩"为主题搜集感恩故事，可以是书上的故事，也可以是身边的故事。

首先，充分利用课文中的感恩素材。《父爱之舟》《第一次抱母亲》体现了伟大的父爱和母爱，《最后的姿势》中谭千秋老师舍己爱生的伟大形象令所有人动容，《我不是最弱小的》体现了人与人之间互相帮助的风尚。这些都是很好的感恩教育素材。其次，搜集课外的感恩故事。我充分利用早读和阅读课，让学生交流自己收集的感恩小故事和令人感动的事。通过这一活动，学生对感恩理解得更为深刻，感恩意识更强。

我还组织学生利用周末在家里开展"每周一故事"活动，让学生把在班级里学到的感恩故事讲给家长听，并让家长也讲一个感恩故事给孩子听。这样，感恩教育在向家庭渗透的同时，不断地从家庭获取感恩教育资源，让感恩教育更充实、更有实效。

二、感恩事情人人做

首先，我充分利用国庆节、中秋节、重阳节、母亲节等节日，组织开展感恩实践活动。例如，组织学生观看爱国主义影片，鼓励学生举行演讲比赛，重阳节组织学生到养老院为老人打扫卫生、表演节目，母亲节举行"给妈妈一个惊喜"活动，让学生在实践中进一步将感恩思想转化为实际行动。

我还会有意识地设计一些活动，让学生通过体验自己去感悟，教育效果也很好。

母亲节前的一个星期,我在班中开展了"护蛋行动",即每人带来一个鸡蛋,想办法保护好它。要求:蛋不离身,课间、上厕所甚至上体育课都得带着,并且要连续三天。第四天的作文课上,在交流感受环节,学生谈到了父母的不易,我很欣慰。于是,结合母亲节,我让学生以"由护蛋想到的"为题写一写自己的感想,并将此作为礼物送给妈妈,让妈妈也写几句话。没想到,许多家长写的话比孩子的感想还多……

另外,我会抓住一些教育契机有意识地创造情境。家长会前,我让学生写一封信给爸爸(妈妈),然后在家长会上将信分发给家长,给家长一个惊喜。一次,学生要离开家到实践教育基地学习并生活一个星期,这对学生来说是个不小的挑战。我让家长提前写一封信,交给我保管,在基地的最后一天,学生都很想家,这时我把信发给学生,教育效果非常好。

三、感恩作文人人写

围绕"感恩"主题,我要求学生常写感恩作文。教材中有些习作本身就是很好的感恩教育素材,如习作《爸爸(妈妈)我爱您》。要求:看着爸爸(妈妈)的眼睛,认真地说"我爱您"。这次习作是一次真爱的表述,因此,融入真情实感是写好习作的关键。

考虑学生可能羞于启齿,于是,我提前两天就开始布置。学生回家注意观察爸爸(妈妈)在忙些什么,回顾爸爸(妈妈)爱自己的事例中,自己印象最为深刻的一件,然后认真地看着爸爸(妈妈)的眼睛,说一声"我爱您"。结果有一大半的孩子没说出口,男孩子居多。

于是,我让学生于第二天晚上,让爸爸(妈妈)讲讲学生小时候的事儿。然后让学生认真地对爸爸(妈妈)说"我爱您",并注意观察爸爸(妈妈)的表情。

这次的作文,学生写得很成功,因为他们切实感受到了父母的爱。

我趁热打铁,让学生思考:在家里应该怎么做?这样,学生会反思自己以前的做法,知道要体谅父母的辛苦,不跟弟弟妹妹吵架,要多做家务、好好学习,等等。

(二)抓细节,随时引导

班主任要时时处处做一个有心人,及时抓住稍纵即逝的教育契机,从小事中发现问题,加以正面引导,不放过任何一个引导和教育学生的契机。

掉在地上的贴画

中午,我发现邻班班级墙报上一块用来装饰的贴画掉在地上了,我准备趁此机会看看学生会有什么表现。于是,我站在走廊上,偷偷地打开了手机录像。结果一个中午,来来往往那么多人,竟没有一人将画拾起。我将贴画捡起来,拿回了教室。我把刚才的录像放给学生看,然后问:"你们是怎么想的?"大多数学生说没看到掉在地下的贴画。有几个看到的说了以下几种想法:

1. 这不是我们班墙报上的。

2. 那不是纸花,是装饰品,捡起来不知道该怎么做。

3. 看到了,本来想捡,后面的同学催促快走,就没捡。

于是,我组织学生讨论:遇到这样的事情应该怎么做?

学生说,交给他们班的同学或老师,或者放到他们的讲桌上,也可以给他们粘上。是啊,想做一件事,总会有办法。学校是个大家庭,各个班级要互帮互助。

如果这是我们班的墙报上掉下来的贴画,一定会有学生捡起来或者主动贴上去。那别的班级的,为什么就不去做了呢?很多时候,学生不是没看到,也不是不愿意去做,可能是习以为常了,也可能确实不知道怎么做。这时,老师的及时引导就显得尤为重要。

没有归位的拖把

我外出学习了四天,今天回到教室,发现地面干净、桌椅整齐,我的心情很好。不一会儿,值日生来了,他们开始拖地,一切有序地进行着。

早读开始后,我突然发现教室后面一个拖把孤零零地靠墙立着,没有在它应该待的位置。于是,我就问:"那里怎么有个拖把?"

小娇是个勤快的姑娘,她拿起拖把想送回卫生工具区,被我制止了。以前也出现过这种情况,都是在我询问的时候,有学生主动将其放回原位。今天又出现这种情况,我得好好问了。于是,我让他们思考以下问题:

1. 为什么没有将拖把归位?

我问:"怎么把拖把放到那里了?"

小毅站起来说:"小昕放的。"小昕立即反驳道:"小毅放到那里的,我只是用了用。再说,是小毅把水洒到我的座位下面,我才拿拖把拖地的。"

我这才想起,小毅今天值日,用过拖把。看到二人相互推卸责任,我说:"同学们怎么看这件事?"大家面面相觑,没有人发言。

我看了看小毅和小昕,发现他俩都不吱声,陷入了沉思。过了一会儿,小毅说:"虽然小昕没放好拖把,但我也有责任,毕竟是我把水洒到他那里了。"小昕说:"我没想那么多。"

看到同学们依然不发言,我环顾四周,静静地等待着。我不能把自己的想法强加给他们,得给他们思考的时间。又过了一会儿,陆续有同学发言了。

学生1说:"他俩都有责任,小毅把水洒到别人座位下面了,按说应该主动拖干净。他不但没拖地,还说别人没放好拖把。"

学生2说:"如果他俩都不计较,拖把就不会在那里了。"

这时,我再问小毅和小昕:"此刻,你们有想说的话吗?"

小毅说:"要是我不洒水,就不会出现这个事。第一,我不应该把水壶放在桌子上,水壶掉下去不但洒了一地水,还把杯盖摔碎了,我应该把它放到规定的位置;第二,洒了水我应该向小昕道歉,并主动把地拖干净;第三,小昕没计较,替我拖了地,我应该心存感激。"

小昕接着说:"我应该把拖把冲干净放回原位。"

原本还气鼓鼓的他们不好意思了,我朝他俩投去了赞许的目光,并示意他们和好。他俩心领神会,边握手边相互道歉,其他同学也为他们鼓掌。学生以为事情得到了解决,于是拿起书准备继续读书。我示意大家坐好,班会继续。

2. 其他同学看到拖把了吗?

我问:"我刚才听到的都是对这两位同学的评价,那你们看到拖把了吗?"

不少人摇头,表示没看到。有两个人主动承认看到了,一个说:"我以为还要用。"另一个说:"不是我放的,不关我的事。"我想,最后这个同学应该代表了大多数人。我请认为"不关我的事"的同学举手,结果有十五人举起了手。

"诚实是一种美德。你们能如实表达自己的想法,老师很欣慰。对于这种'事不关己,高高挂起'的想法,你们怎么看?"大家沉默不语。

"老师经常看到卫生间的水龙头开着,会随手关上。别的班级的学生去上体育课了,教室里没人,灯却亮着,我会随手把灯关上。老师为什么这样做?"

"您给学校节约了费用。"

"是啊,举手之劳的小事,还节约了资源。如果你看到拖把了,该怎么办?"

一个学生说:"无论是谁,都应该将拖把放回去。"

这时,我及时总结:"是的。赠人玫瑰,手有余香。事不关己,高高挂起的思想要不得。"

3. 这仅仅是一个拖把的问题吗?

"同学们,这仅仅是一个拖把的问题吗? 由此,我们还能想到什么?"这时大家纷纷发言。"看到地上有纸花,及时清理""看到有人浪费水、浪费纸,应及时制止""放学看到空调没关,应及时关闭""看到黑板没擦,应及时擦掉"……

我说:"对的,我们都是班级的一员,是班级的主人。只有每个人的心中都装着班级,每个人都为别人着想,才能真正实现我们的班训——让别人因我的存在而感到幸福! 我们这个幸福大家庭的每个成员才能真正获得幸福。"

"那出了教室,到了校园、小区、社会上,我们又该怎么做呢?"学生又是一番思考和讨论。

最后,我做了总结:"家是最小国,国是千万家。我们都是国家的一员,要有主人翁意识,要团结协作、互帮互助,尽自己所能,让班级更美好,让校园更整洁,让小区更和谐,让国家更强大! "

班主任每天需要处理许多问题,要善于通过一件事挖掘其背后的思想根源,引导学生知道这一类事该如何做。就如这个孤独的拖把,它最终回到了它的位置上。相信通过这层层递进的三个问题,学生懂得的一定不只是一个拖把的归属问题。

借书的小男生

隔壁班一男生来我班借英语书,小芮在教室的最前面,她迅速拿出自己的书递给男生,但那个男生并没有接,而是看向了我班的男生小瑜,可能他跟小芮不熟。拿到小瑜的书后,男生转身就走,小芮默默地把书放回了书包。小芮性格开朗,看似没有多大的反应,但我还是注意到了她失落的神情。

我叫住那个男生,说:"你是不是忘了说一句话?"男生愣住了,想了想,径直走向小瑜,说了声"谢谢",全程无视小芮。于是,我说:"你看,小芮同学第一个拿出书来想帮助你,尽管你没接,但是不是也该表示一下感谢?"男生赶紧对小芮说了声"谢谢"。我当场表扬他有礼貌、懂感恩,让同学们把掌声送给他。

这时,我班一个男生说:"王老师还教育起别班同学了。"

我说:"同学们,你们怎么看这件事?你们到别的班借东西也这样吗?"大家不作声了。

我问小芮:"你怎么想的?"

"我没多想。他只能用一本,不用我的也没关系。"

"你多少还是有点失落吧?"

她使劲地点点头。

"当他对你表达了感谢,你的心情怎么样?"

"高兴了。"

我说:"同学们,当别人对我们伸出援助之手的时候,不管我们有没有接受帮助,都应该心存感恩,对愿意帮助自己的人表示感谢。刚才那个男生后来做得很好,对愿意帮助他的两位同学都表达了感激之情。"

这是一件很普通也很常见的事情,作为老师,我们往往会忽视那个积极却被间接拒绝的女生,觉得这不是什么大事。试想,如果这样的事情多次出现,这个女生会不会一如既往地热心助人?会不会不再那么积极主动,甚至对别人爱搭不理呢?

这件事,相信邻班的男生会有所触动。更重要的是,我抓住这一契机,让我们班的学生也有了思考和收获。相信他们以后遇到类似的事情,知道该如何做。

我还想起了发生在我身上的一件事。一次我要批改作业,但没有带红笔,这时伸过来许多只拿着红笔的小手,我只能借用一支。每次我都会朝他们每个人笑一笑,他们也会回我一个甜甜的笑。我想,我的感谢、歉意以及对他们的喜爱,他们应该感受到了。这是我和他们的交流方式,这就是师生间的心有灵犀,这也是每次我有需要时,总会有无数双小手争先恐后地伸向我的原因。

整齐的刊物

下午快放学时,五六个男生从图书室拿回了我班订阅的刊物,他们每人抱了一摞。因为放学后班主任要开会,我便对他们说:"刊物明天再发吧,赶快收拾书包,放学。"可能是着急记作业、收拾书包,拿书的几个男生听我这么说,把刊物一下子放在了讲桌上。顿时,讲桌乱成一团。为了等这几个拿刊物的男生,我们班放学稍晚了几分钟，离班主任开会时间越来越近了，我看了看讲桌，没说什么，带着队伍就放学了。

第二天早晨，一进教室，我就看到昨天乱作一团的刊物整整齐齐地摆放在讲台的一边。共十种刊物，每种刊物上都有一张小纸条，上面记录着刊物的数量。这是谁做的呢？是小程（学校一位老师的孩子）吗？因为放学后只有他在教室。

同学们陆续进了教室，都在按要求认真地读书，似乎没人发现教室的这一变化。小程进了教室，跟我打招呼，我用眼神向他询问，他会意地点了点头。我欣慰地笑了。

等教室里人齐了，我让大家停止朗读，说："同学们，看看我们教室有什么变化？"大家马上就发现了讲台上整整齐齐的十摞刊物。

"请做好事的同学主动承认吧？"小程不好意思地站了起来。

"我代表大家采访你，"我对小程说，"你当时是怎么想的？"

"我想着整理好后，今天早晨发的时候就会方便一些、快一些。"

"那刊物上的小纸条是什么意思呢？"我又问他。

"我看到您发刊物时总是先数一数，如果跟名单上的数对不起来，就先不发，告诉图书室，找齐再发。我就想着，先把数数出来。"

"你可真周到！"这时，全班爆发了热烈的掌声。等掌声停息，我说："同学们，我想知道你们为什么把掌声送给小程？"

大家纷纷发言："小程很细心，想得很周到""他热心帮助同学""他为老师节约了时间"……

我说："他用自己的时间，给大家节约了时间。他之所以这么做，是因为他心里有我们这个班级，他一心为大家服务。如果每个人的心里都有班级、有他人，那我们这个班级会有越来越多令我们感动的事情发生，我们的生活也会越来越美好！"

后来，不管谁去拿刊物，拿回来后一定会将刊物整整齐齐地摆放在讲台上，上面也一定放着一张写着数量的纸条。

细节决定成败。教育无小事，处处皆育人。很多教育契机都蕴藏在小事中。班主任要有敏锐的眼光和意识，及时抓住教育契机，随时随地进行引导。

有一次发奖品，我发现许多学生在接受物品时都用单手，只有张明一人双手接住,还对我说了声"谢谢"。我及时地表扬了他。后来,班里同学都知道用双手递接物品了。

一天,班里的拖把坏了,第二天竟被修好了。原来是一名叫高尚的同学利用放学后的时间偷偷地将拖把修好了。发现后,我对学生说:"高尚同学的品德就像他的名字一样。"从此,教室里多了一名"修理工",他经常默默地修理拖把、笤帚、黑板擦,甚至是同学坐坏了的凳子,还带动了一批同学。每年教师节,已经考上大学的高尚都会发来祝福短信,感谢我当年对他的教诲。

六 善用文字赋能

多年的班主任工作让我感悟到,文字有时比语言更触动人心。在我们班,大家时时都能感受到文字的力量。

(一)家校往来记录本

我班每个学生都有个家校往来记录本,上面有"老师的话""家长的话""同学的话",还有"学生自己的心里话"。每周记录一次。翻开记录本,可以看出学生成长的足迹。每学期的第一个月,都由我来记录,慢慢地,我会引导学生进行小组评价,把"老师的话"变成"同学的话"。每次记录,我总是引导学生从自己的闪光点入手,然后指出其努力方向。这样做既保护了学生的自尊心,激发了其上进心,又及时地与家长进行了沟通,增强了教育合力,教育效果更加明显。

(二)小纸条,大作用

在教育教学中,我还有意识地使用纸条。学生取得了成绩,为班级争得荣誉时,我会及时送上一张纸条:"你真让同学们羡慕!""祝贺你,你没有辜负自己的努力!"学生犯错误时,我会悄悄递给他们一张纸条:"请到我办公室来一趟。"对取得进步的学生,我会写一句:"努力,努力,再努力,你会更棒!"小小的纸条深受学生的喜欢,学生也喜欢用纸条与我交流。

一天,我的办公桌上放了一张小超写给我的纸条:"王老师,我的借书卡被妈妈没收了,您能帮我要回来吗?"了解后我才知道,原来小超是班里公认的"书虫",她时常因看书看得入迷忘记吃饭和休息,因为用眼过度,还成了近视眼。为此，小超妈妈很生气，才没收了她的借书卡。我与小超及她的妈妈诚恳地谈了一次，小超许诺以后看书会限时，她妈妈将借书卡还给了她，事情得到了解决。我时常给小超写纸条，如"注意休息"。每当这时，小超都会对着我露出会心的笑容。

小小的纸条，大大的作用。我的纸条给了学生温暖的鼓励和进步的力量；学生的纸条让我及时了解了班级的情况，从而帮他们解决烦恼。一举两得啊！

（三）"幸福日记"激发正能量

我们班每学期都会有一本"幸福日记"，里面记录了学生发现的美好的、感人的事情，并写有时间、发现人、记录人。一人一天，发现得多就多写，发现得少就少写。

每天下午放学前，发现人或记录人要上台朗读自己的美好发现。从 2016 年到现在，"幸福日记"一直在！每学期一本，已经有厚厚的一摞了。日记本的扉页上有学生写的一段话："同学们，我们身边发生着许许多多美好的、幸福的事情，它们如同绚丽多彩的花朵，夺目地绽放着。让我们用自己的眼睛去发现它们吧。在记录这些美好的、幸福的事情的同时，让自己感受这份美好与幸福，成为一个能发现美并拥有美的幸福快乐的人！"这段话每学期不同，但都是学生发自内心的感悟。

1. 事情的缘起——拥有发现美的眼睛

一天，我偶然发现了几个本子，上面记录了许多感人的事迹，有的是我担任备课组长时记录的老师间的故事，有的是家长为班级服务的具体事例……其实，我们班有很多这样的温馨画面，比如负责擦黑板的同学请假了，黑板却干干净净。学生是善良的、乐于助人的，他们的行为或事迹需要被看见、被肯定、被发扬光大。班主任应引导学生善于发现身边的美好事例，把美好记录下来，让整个班级充满正能量。于是，我们的"幸福日记"诞生了。

2. 示范引领——拓宽发现领域

一开始，学生自愿记录，一段时间过后，我发现了两个问题：一是他们记的内容非常简单。例如，今天忘了带本子，谁借给自己一张纸；书掉到地上了，谁帮自己捡起来了；谁帮自己打扫了卫生。二是我所期待的"幸福日记"带来的辐射效应并未出现。例如，我希望他们能发现那些调皮捣蛋或学习成绩暂时落后的学生身上的优点,但他们的名字并没有出现在本子上。

于是,我也参与了"幸福日记"的记录。首先,我会用心观察并发现调皮学生身上的闪光点,并有意放大。其次,我会从不同的角度观察,丰富记录内容。例如:

今天周一,同学们表现得可真棒!路队安静有序,卫生打扫及时,作业书写认真、正确率高,与上周相比,同学们的进步可大啦!老师为你们点赞!

今天夸夸小雨,她不仅主动捡起了走廊的纸花,还帮同桌打扫了卫生,给我们创造了一个干净整洁的环境,真心感谢小雨!

小金可真细心。看!喝完的牛奶袋子整整齐齐地排列着,美得像幅画。

我在全班朗读后,发现了学生惊喜的眼神,有几个学生羞涩地红了脸。我的示范和引领给了他们很大的启发。逐渐地,"幸福日记"中的内容丰富起来,不仅有"爱读书的学生为大家带来了知识""那个调皮的男生为全班搬来了课本",还有"那个运动健将为班级争得了荣誉"等。

然后我引导他们将眼光放得远一点,可以记录同学,还可以写任课老师,甚至可以走出教室,去发现并记录走廊上、校园里的美好。

3. 鼓励参与——增加"发现人"

一段时间过后,我发现班里参与记录的学生不多,仅限于那些成绩比较好,特别是写作比较好的学生。于是,我问那些没参与记录的学生是否发现了生活中的美好与感动,他们说发现了。那为什么不记呢?经过询问得知,有两个原因:一是会说不会写,二是嫌自己的字太丑,因为我强调了必须书写认真。原来如此!有的学生本来就对作文心有畏惧,语言组织和表达能力较弱,有的学生书写不认真,不好意思写在本子上。

那怎么解决呢?我们又进行了第二步改进。原来只写下记录人,现在增加了发现人。发现了一件美好的事情,可以自己记录,也可以请别人帮忙写,写清楚发现人和记录人就可以,上台朗读时两人可以商量着来。这样一来,感人事例变得更加丰富多彩了。

4. 教育效果——发现美、享受美

学生身上的闪光点越来越多地被记录在"幸福日记"中,他们参与记录的积极性也越来越高。一个学期下来,所有学生的名字都出现在"幸福日记"中。有的是自己的闪光点被同学发现并记录,有的是拥有了发现美的眼睛,记录了

别人的事例。

有一次,本子上出现了这样一段话:"今天真冷啊,跑操时我冻得瑟瑟发抖,手都冻麻了,不过跑着跑着,很快就跑热了。但是,我发现志愿者一直站在寒风中一动不动,他们得多冷啊!我想,他们站在那里不是为了监督我们,而是在为我们服务,我非常感动!"

学校的这些小志愿者,负责校园纪律和卫生的监督和提醒,有时也会给班级扣分,所以不太受欢迎。这个同学的想法非常可贵。于是,我在班里大力表扬了他:"同学们,小溪说得多好啊!他是一个懂得感恩的人。志愿者的确太不容易了!大家再想一想,除了学生,还有哪些志愿者呢?"大家立刻想到,还有家长志愿者、护导老师、保安叔叔等。

"是呀,无论是严寒酷暑,还是刮风下雨,他们来得最早、走得最晚。有时,他们一站就是好几个小时,的确太不容易了。那我们应该怎么做呢?"大家纷纷发言,表示要尊重他们的付出,心怀感恩,好好跑操,好好遵守路队秩序,好好遵守交通规则,做最好的自己!

学生换了一级又一级,我们的"幸福日记"始终在。虽然扉页的设计不同、记录的文字不同,但有一个共同点,那就是文字永远是温馨美好的。学生在发现美的同时也在享受美。

作为班主任,我经常对学生的表现给予口头表扬,但过段时间就忘了。如果把它写下来、读出来,就不一样了。这些有温度的文字更有感染力,学生的印象也更深刻。朗读"幸福日记"时,学生会静静地聆听,感受其中的美好。这些温馨、美好的文字,让整个班级沐浴在温馨、美好的氛围中。学生积极向上,很少有摩擦,这种正能量让整个班级在各方面走在前列,在各项比赛中屡屡获奖。

我们的"幸福日记"每天都在传递幸福和正能量。我们的班级氛围越来越温馨,学生积极向上、和谐互助,很少有摩擦。我们的班级也正如班徽上的文字一样,扬帆起航,向着幸福进发!

七　常规管理的小妙招

怎样做到静音站队？

一、明确要求，具体指导

首先，我和学生一起讨论每项要求的标准。

何为"静"？就是在集合队伍的过程中不发出任何不该发出的声音，就像在课堂上一样，要遵守纪律，时刻保持安静，抬头挺胸，跟着节奏踏步。如果有个别学生说笑，那么其他学生应该及时制止。体育班长全程不用一个口令，用手势指挥，并分四步：一是起立，二是轻推凳子，三是站到走廊上，四是各队依次走出教室，简称"一起二推三站四走"。不管是上操、放学还是上体育课、微机课等，只要站队，就是这个要求。

何为"快"？就是紧跟前面的同学，不拖拉、不磨蹭、不拥挤、不推搡。

何为"齐"？就是前后左右都是一条线。后面的同学看着前面同学的后脑勺。在走廊上站队时，每个学生都要记住自己的位置，找一个参照物，可以是窗户，也可以是走廊上的某个标志物。走起路来要时刻用余光关注前后左右的同学，保证队伍整齐。

学生明确了具体的要求后，班主任再将动作分解，进行具体的指导训练。我利用班会课、课间分别训练了一分钟推椅子、一分钟站队、标准路队站姿、走姿训练、一分钟下楼梯等，直到学生掌握要领。

二、激发兴趣，严格训练

学生养成了良好的行为习惯后，班级是安静有序的，学生也非常高兴。但培养习惯的过程是"痛苦"的，需要战胜许多困难，需要进行多次练习。

体育班长站到讲台上，用手势指挥。在训练的过程中，我会挑选出动作标准的学生，请其先做示范，同学们照着做，反反复复，不断练习。

三、检查评比，奖惩结合

我们班采取的是天天比、周周评、月月总结的方式，还会定期开展"争星"活动，评选路队标兵。我们每天进行四评：自评，小组互评，路队评，老师评。将评价与班级的奖惩结合起来，学生被表扬一次就获得一颗星，被批评一次就扣除一颗星。慢慢地，学生会为争得星星积极努力，逐渐将行动内化为良好的行为习惯。

四、思想教育，强化意识

通过交流讨论，我让学生明白，一个班级的队列、队形是班级的一张名片，每个人的表现都关系着集体的形象和风貌。在强化纪律观念和集体意识的同时，我培养了学生的责任感。

怎样做到地面无纸花？

一、深刻反思

在班级管理中，班主任对学生的习惯培养无时无刻不在进行。对于"地面无纸花"的要求，每学期我都会重点强调，但屡禁不止，始终达不到理想的效果。于是，本学期我首先进行了深刻的反思：为什么会这样？是不是自己的教育没到位？是道理没讲通，没触动学生的内心深处，还是应该只向他们发号施令——"以后不许乱扔，快捡起来"？为了弥补以前工作的不到位，本学期我更加用心地进行了研究和探索。

二、统一思想

学期初，我组织召开了"好习惯成就好人生"的主题班会，给学生讲福特应聘的故事。福特因随手捡起了地上的纸花，打败了竞争对手，顺利进入一家汽车公司，并最终将公司发展壮大为世界著名的福特公司。我告诉学生，细节决定成败，好习惯也是一种竞争力，好习惯成就好人生。然后让学生讨论两个问题：怎样做到地面无纸花？让学生出谋划策，让班长把这些办法一一记下来。有了纸花怎么办？借机制定相关的规定，并将其补充到班规中，这样的班规会让学生心服口服。

三、杜绝源头

纸花是从哪儿来的？毫无疑问，大多是学生从作业本上撕下来的。一部分是个别老师撕的，一部分是学生自己撕的。老师撕纸有时是听写需要，有时是因为个别学生的作业错误太多或太脏。其实撕了不认真、不整洁的作业，他下次交上来的作业就书写认真、干净整洁了吗？未必！不如将作业返给学生，让其重做。老师抽时间给学生讲一讲不会的题。如果太忙了，就指定同学讲，这样一来，不会的学生会了，那个讲解的同学也巩固了知识。两全其美，多好！作业不整洁、没按要求写，就重申要求，让学生再做一遍。

首先，我跟任课老师沟通并达成共识，布置作业尽量用本子。实在需要纸，也由老师统一准备，提前在办公室里把听写纸撕好，如果某个学生作业写得不好，让他重写就行。

其次，告诉学生不随便撕纸，要节约用纸。如果第二天要上交的作业须在一张纸上完成，那就晚上在家里提前撕下来。如课堂上突遇需要用单张纸完成作业的情况，该怎么办？我和学生讨论怎样做才能把纸撕整齐些。有的学生说，有的本子有一条虚线，可以沿着虚线撕下来；有的学生说，没有虚线的，可以用直尺压着，这样能撕得整齐，不会出现小纸屑；还有的学生说，即使没能撕整齐，出现了小纸屑，赶快把纸屑捡起来，及时扔进垃圾袋，也能做到地上无纸花。

四、检查评比

这一环节由组长、排长、卫生委员和班主任负责。同学之间互相监督、互相提醒，小组之间进行评比。组长负责小组，排长负责大排，卫生委员负责全班。我会随时检查，并根据检查结果给个人、小组及大排加分，每天公布，及时表扬和鼓励。

五、行为考察

为检查学生是否养成相关的行为习惯，我会有意地在教室门口、走廊、大厅等学生经常走动的地方放置一片纸花、一本书、一个笤帚等，看看他们的反应。如有学生主动捡起，我会大力表扬；如没人捡起，我就捡起来，并把看到的情况详细说给学生听。下一次，我会换个地点、换样物品，再观察。这样做，对培养学生的好习惯很有效。

我还会拿着手机，在学生没有察觉的情况下，把看到的正反两方面的情景拍下来，然后反馈给他们，告诉他们这是谁的桌洞、这是谁的座位、这是谁的卫生区。这一做法直观形象，无须多言就很有说服力。他们很在意自己在同学心中的形象，所以效果很好。

六、榜样引领

榜样的力量是无穷的。身为班主任，我会随时随地做榜样。比如地上有纸花，不是让学生捡起，而是自己先捡起来；我会将教室的讲桌、书橱收拾得干干净净。这些细节会对学生产生潜移默化的影响。

好习惯会让一个人终身受益。每一个习惯的养成都需要坚持。"不撕一片纸"这一习惯,我会继续思考、探索,帮助学生告别陋习,养成良好的习惯,让我们的教室、学校,甚至每一条街道都干净整洁,没有一片纸花。

第三章

走进学生的内心世界

　　亲其师，信其道。当学生与班主任建立起亲密的关系时，学生更容易接受班主任对自己的引导和教育。所以，班主任要小心地呵护每一颗幼小的心灵，同时要努力走进学生的内心世界，与他们建立起深厚的情感联系，既做良师又做益友。

一 ○ 一见如故

（一）自我介绍变一变

　　每次带新班，班主任都会安排学生进行自我介绍，但他们说的内容大体相同，如通常包含"我叫……""有……特长或爱好""希望和大家成为好朋友"，好似走了个过场。班主任应精心设计自我介绍，让它成为拉近师生、生生距离的有效方式。比如让学生讲一件能让大家迅速记住自己的事情，或者说一说自己的特别之处。对于那些性格较为内向的学生，班主任可以让他们先在纸上写一写，然后大声读出来。这样做一方面给了学生准备的时间，可以避免学生因为紧张而尴尬；另一方面，可以巧妙地检测学生的写作技能。当然，也可以让学生自主选择他们喜欢的方式进行自我介绍。

（二）见面活动巧设计

初次跟学生见面,班主任可以换一种方式,给学生留下深刻的印象。

独一无二的宝贝

有一年,我接手三年级一个班。开学第一天,我拿着一个盒子走进教室。

"同学们,请看我手中的盒子。今天老师带来的这个盒子里有一个神秘的宝贝,是世界上独一无二的。"学生都很诧异。

"猜猜看,里面有什么?"学生高兴地猜着,教室里像炸了锅似的。他们哪里还有刚才的拘谨,就像老朋友一样,叽叽喳喳地讨论着、猜测着,兴奋不已。

"盒子里到底有什么呢?想不想上来看一看?"

大家异口同声:"想!"

"老师告诉你,盒子里有一个世界上独一无二的神秘宝贝,既然大家都想看,那就排队看。不过老师有要求:一要保密,二要想想如何把这个宝贝介绍给大家。"

开始交流了,不少学生说:"盒子装的是镜子。"我说:"是镜子中的自己!因为每个同学在老师心中都是独一无二的宝贝!接下来,请把独一无二的你介绍给大家吧。"

这次的自我介绍非常成功,不但让学生很快熟悉起来,也给他们留下了深刻的印象。后来这件事多次被学生当作素材写进作文。班里有个男生这样写:"老师说,我们是她独一无二的宝贝,我太喜欢我们班了!"

一见如故的见面能让学生迅速打开自己的心扉,让师生、生生迅速熟悉起来。

二　多跟学生在一起

班主任要多跟学生在一起,这样才有更多的机会了解学生;了解了学生,才能跟他们有更多的共同语言,有助于跟他们沟通。

（一）利用课余多交流

人们往往喜欢自己比较熟悉的人和事物,接触的时间越久、次数越多,就越喜欢这个人和事物。所以，开学初，班主任要经常出现在学生面前，多跟学生在一起，谈谈心、聊聊天，知道他们喜欢什么、愿意读什么书、喜欢玩什么游戏、有哪些开心的事情、有什么烦恼，从而拉近师生之间的距离。

一次，我看到班里有孩子拿着《哈利·波特》，就随口说道："这本书很好看啊，我经常跟儿子抢着看。"

"老师，您也看过？"他们很惊讶。有个学生举起手中的书，说："我这儿还有一本，这可是新出的。老师，先给您看好不好？"话音未落就往我手里塞。

"我怎么能夺你所爱呢。等你看完借给我看看吧。"他使劲地点头，很兴奋的样子。很快，围过来不少学生，于是，我跟他们交流起自己的读书收获，他们也纷纷发表意见。这时，我发现，平时离老师远远的小菁也凑过来了，在一旁笑眯眯地听着。学生看我的眼神充满了欣喜、惊讶和佩服。

班主任平时多跟学生交流，不仅能拉近师生间的距离，还能知悉他们的一些小秘密。比如有的学生私下建群聊天，里面脏话不断；有的学生课余抄作业，还有的在卫生间偷吃零食。这些意外"收获"引发了我更多的思考——如何引导学生？如何做才能激发学生的进取心？只有解决了这些问题，才能让教育更有的放矢，更有力量和效果。

（二）多参与活动

班主任往往更加重视学校组织的大型集体活动，但对平时的一些活动重视程度略显不足。其实，参与学生的每一项活动，会有更多的收获。比如班主任可以跟学生一起动手打扫卫生，或许会发现，班里那个调皮捣蛋的学生把地拖得很干净。又如，当班主任对地面上的脏污束手无策时，也许学生会提供很多好办法。再如，一场足球赛会因为班主任的观战而让学生更加奋力拼搏。

"老师，您真好！"

记得一次大扫除，学生正干得起劲，我说："为了奖励你们，我和大家一起出去跳大绳。"他们非常高兴。跳绳结束，有个女生一直跟着我，欲言又止的样子。她很腼腆。课间，当其他同学围在我的身边问长问短时，她总是静静地坐在座位上，远远地看着。今天这是怎么啦？我问她："有事吗？"她摇摇头。上课铃声响了，她扔下一句"老师，您真好！"就跑了。尽管她的声音不大，但这件事给我的触动很大，我觉得我没做什么呀，只是和学生一起打扫了卫生，又一起跳了大绳，没想到给她的印象却这样深刻。这件事一定触动了她的心，才让如此羞涩的她鼓足勇气说了那句"老师，您真好！"

身为老师，我教过的学生，毕业后不管是一年、两年还是三年、五年，他们能记住的往往不是我教给了他们多少知识，而是我和他们一起参与的某项活动，给予他们的某次鼓励或是和他们进行的某次促膝长谈。多跟学生在一起，多了解学生，这是教育的前提，也是班主任智慧的表现。

三 —○ 为学生保守秘密

为学生保守秘密是取得学生和家长信任的前提。每年班里都有一些需要特殊照顾的学生。几乎每一个"问题学生"的背后，都有着特殊的原因。如果班主任不能找到这个原因，就很难让教育效果最大化。即使找到了，如果得不到学生和家长的信任和支持，教育效果也会大打折扣。那么，怎么才能获得学生和家长的信任呢？首先，从为学生保守秘密做起吧。

有一年，我任教五年级，遇到一个单亲家庭的小女生，她跟随父亲生活。后来，爸爸给她找了个新妈妈。尽管新妈妈对她非常好，但她很敏感，整天闷闷不乐、有心事的样子。在我们听来非常普通的一句话，她会想很多。知道她的家庭情况后，我尝试着跟她谈心，一开始她比较抗拒，默不作声。我跟她说："王老师有一个最大的优点，就是善于保守秘密。所以，你有什么心里话，可以跟我说，这是咱俩的小秘密，我不会让别人知道，包括同学、老师和你的爸爸、妈妈。以后你有不高兴的事情，可以随时找我交流，好吗？"她点点头。

一次课间，她悄悄递给我一张纸条，上面写着："王老师，我想跟您谈谈。"那次谈心后，她跟我说的事情，我对外人只字不提，即使已经征得她的同意，跟她爸爸、妈妈交流时，我也会用恰当的、委婉的方式来表述。第二天，她欢天喜地地来找我。打那之后，她知道了我是值得信赖的人，我经常收到她邀请我谈心的小纸条。在我的开导下，她逐渐变得活泼开朗起来。

她读初中、高中时，我仍经常收到她的信息。有一次，她的信息中有这样一句话，给我留下了深刻的印象。她说："王老师，谢谢您给了我许多安慰和勇气。每当我难过的时候，我都不怕，因为我有您！"现在，已经走上工作岗位的她开朗乐观，我们一直保持联系。

为学生保守秘密是班主任最基本的职业道德,不仅能得到学生的信任,还能得到家长的尊重和支持。

保守秘密不仅表现为不在班里说学生的情况,不让其他学生知道,还表现为不让学生的家长知道,甚至不让办公室里其他老师知道。如果学生身体方面有问题,需要在活动时加以注意,班主任不得不告诉任课老师的时候,也一定要叮嘱一句:"千万要给孩子保守秘密。"因为有些身体上的缺陷,家长是不愿意让老师知道的,但又不得不让老师知道。班主任要体谅家长这份无奈的心情。

有一年,我班一个女生的母亲很忐忑地给我打了电话,说孩子有癫痫,一直在吃药,让我在午睡的时候关注一下,如果孩子长时间不起床,就要及时把她叫醒。我仔细询问了注意事项后,对这个女生的妈妈说:"放心吧,我会关注孩子的,同时会跟另一位看午托的老师说明情况。请您放心,我会很自然地去做这些事,不会让其他人看出来的,包括班里的同学和其他老师。"跟另一位看学生午睡的老师交流之后,我不忘叮嘱她为孩子保密。

这个女生的妈妈非常感激。班级举行的活动,她请假也要参加。班报的编辑,她第一个申请参与。她利用周末时间帮忙整理、编辑班级作文选,甚至自费找人设计和印刷。她说,班级所有的事情都可以找她,她不会的、做不到的,她会想办法。她的孩子也变得越来越开朗和自信。

其实,一个班级就像一个大家庭,老师、学生、家长都是亲人,亲人之间要互相体谅、互相关心、互相照顾。班主任要体谅家长对孩子隐私的这份担心,体谅他们矛盾的心情。他们既不希望孩子出意外,也不愿意让老师和同学知道孩子的隐疾。那么,我们就要做个值得家长和孩子信赖的班主任。

很多时候,当一些调皮捣蛋的学生做了错事的时候,班主任不要揪着不放,要酌情为犯错的学生保守秘密。比如有的学生告诉你他喜欢某个女生,或是有个学生偷偷拿了同学的东西,作为班主任,我们不要大惊小怪,也一定不要将这样的事情到处散播。好事要大张旗鼓地宣扬,隐私就悄悄地藏在心中。只要问题能得到解决,学生能取得进步和健康成长,我们的教育目的就达到了。

四 给学生准备礼物

班主任整天跟学生打交道,很容易受学生拥戴。有的学生会把自己制作的卡片、画的画，或者手工课上做的作品当作礼物送给老师。作为班主任，我们可以在适当的时候给学生准备个小礼物，这样可以很好地拉近与学生之间的距离。礼物表达的是心意，不一定要贵重。礼物可以多种多样，只要健康、安全，学生喜欢就可以。

（一）平时表现的礼物

我会准备许多小礼物，如红笔、作业记录本、给家长的报喜单、喜报、奖状，并根据学生的表现，设置层层达标的礼物。学生只要达成目标，就可以兑换相应的礼物。

我还会准备一些非物质奖励。比如某个学生表现好了、有进步了，我会让其选择想要的礼物，可以是老师和同学的表扬，也可以是自选同桌一周。减免作业是学生最喜欢的"礼物"，所以，如果一段时间内全班表现很好，达成了预定的目标，我会减免当天的语文作业。如果学生一段时间内在家里表现好，得到了家长的认可，我会建议家长送给孩子一个小礼物，通过这样的方式来正面强化学生的好习惯。

（二）特殊日期的礼物

班主任要记住一些特殊的日子并送给学生特别的礼物。如学生生日时的简单祝福、生病康复时的贴心询问，再加上一幅画、一张卡片，于细微之处让学生感受到被重视。

"六一"国际儿童节是学生的节日。除了鼓励学生表演节目，我还会安排抽奖环节。我会提前准备一些小礼品，如笔、橡皮、小挂件，并将它们放到一个"盲盒"里。活动当天，我会让学生抽"盲盒"。不管抽到什么，他们都很高兴。这样的形式和礼物他们非常喜欢。

有一年的"六一"国际儿童节，我给所有学生写了一段话，细数了每个人的优点并致以鼓励的话语，每人一张纸条，提前放进盒子里。学生抽签的时候，抽到老师写给谁的话，就走到谁的身边，大声地读给他（她）听。

对于学优生，让其继续发扬自己的优点。例如："朝阳，不管什么时候，你的字都是那么工工整整、漂漂亮亮，老师都自愧不如啊！""小辰，你在运动场上的矫健身姿令人羡慕！学习上的积极主动值得大家学习！"

对于取得进步的学生，要给予认可和鼓励。例如："梦梦，你的自信大方给老师留下了深刻的印象，老师还记得你上次讲的故事，绘声绘色的，真好！"
"小洋，走廊的干净整洁有你的一份功劳，为责任心强的你点赞！"

抽签的学生读完纸条上的话后，再把纸条送给相应的同学，你会看到每个学生都喜滋滋的。收到纸条的学生会小心翼翼地将纸条珍藏起来。这次的抽奖给学生带来了惊喜，收到了很好的效果。

（三）外出学习的礼物

外出培训期间，学生会想念班主任。每次回到教室，总有学生大喊："王老师，您终于回来了。"甚至会扑过来拥抱我，就像孩子等待回家的妈妈。每次外出培训，我都会留心当地的小礼品，尽量抽时间为学生准备礼物，看看有没有什么礼物既有地方特色，又比较有意义，如书签、钥匙扣、风筝模型。有时实在忙得没有时间看，或者没有合适的，我就从网上提前购买。如果不能及时发来，就跟学生说个美丽的谎言："老师忘拿礼物了，明天带来哦。"如果是小的礼物，我会给每个学生准备一份。如果是大的礼物，就买回一个放在教室里，供全班学生观赏。这些礼物，学生往往非常喜欢。班里有个调皮的男生经常把我给他的礼物拿在手里。他的作文得了优秀，我要拍照发到班级微信群，他竟然不拿作文，而是高举礼物大声说："这是我收到的最有意义的礼物。"

五 有同理心

（一）站在学生的角度谈话

班主任对学生的教育经常是说教式的，有时老师说得口干舌燥，学生却无动于衷。如果班主任能换位思考，站在学生的角度去想一想："为什么会这样？""他们是怎么想的呢？""我该怎样说呢？"了解学生的真正所想，给出贴合学生需求的建议，学生才能心服口服。

毕业前夕的谈话

临近期末考试，学生往往很浮躁，特别是六年级毕业班。这几天我就发现，班里一直有学生在传毕业赠言本，下了课就凑在一起，相互欣赏谁的本子漂亮、谁给谁写了什么话。数学老师和英语老师跟我反映，学生的听讲状态不佳，甚至上课也在悄悄地传本子。

为此，我特意开了一次班会。我说："同学们，期末考试一天天临近了，这是你们小学阶段的最后一次考试，大家都想考出好成绩吧？"学生频频点头。

"六年的小学生活即将画上一个句号。这个句号画得是否圆满，完全取决于大家。期末考试一结束，就是我们的毕业典礼，这对大家来说也很重要，不仅要表演节目，爸爸、妈妈还会来观看你们演出。你们是不是很期待？！毕业典礼之前，我们就会知道考试成绩，若你没有考出满意的成绩，毕业典礼上你会开心吗？能专心表演吗？"一些调皮的学生陷入了沉思。

我接着说："最近，很多同学忙着写毕业赠言。我知道，你们很珍惜这份同学情，舍不得分开。但毕业不是结束，而是新的开始。海内存知己，天涯若比邻。真正的友谊不一定要天天在一起，上了初中，你们依然可以相互鼓励、共同进步。考试结束后，我会留出半天的时间供大家写毕业赠言，如有需要，我也可以给大家写哦。"全班一阵欢呼。

这些话，全是站在学生的立场说的，得到了他们的认同，效果很好。接下来，我发现毕业赠言簿不见了，他们认真听讲的状态又回来了。

六年级的学生临近毕业，忙着写毕业赠言，他们的这一做法可以理解，如果班主任一味制止，效果不一定好。若站在学生的角度讲明道理，得到他们的认同，他们就会接受。

眼镜问题

一天，小墨的妈妈告诉我，同学们对小墨的眼镜挺感兴趣的，经常有同学拿她的眼镜玩儿，或者戴一戴。小墨的眼镜比较特殊，挺贵的，万一弄坏了不好解决，她希望我能在班里说一下。

第二天，我特意观察了一下。一下课，小墨身边就围了几个同学，叽叽喳喳地说着什么。不一会儿，小墨把眼镜摘了下来，一个女生刚要去接，被我制止了。

三年级的学生戴眼镜的不多，女生里边，小墨是第一个戴的。学生好奇也是正常的。加上小墨人缘好、脾气也好，所以她的周围总有一群人想戴一戴她的眼镜。于是，我在班里就这个问题跟他们做了交流。

"我发现咱们班戴眼镜的同学不多，听说有同学也准备去配眼镜了。我也戴眼镜，戴了几十年了，眼镜的度数没增长多少。这与我好好保护眼睛有关，也与怎么正确佩戴眼镜有关。下面我就讲讲有关眼镜的一些问题。

"从戴眼镜的同学说起。眼镜，既能让你看清远处的物体，也能减缓近视的发展速度。第一，要听医生的话。如果医生建议你一直戴着，就不要一会儿戴一会儿摘，否则近视会发展得很快。第二，现在的眼镜都比较贵，从几百元到几千元，有的甚至上万元，大家要好好保护它。第三，做眼保健操时，先把眼镜摘下来，然后将眼镜腿贴在桌面上，不要让镜片直接贴在桌面上，因为这样会把眼镜片磨花。

"从不戴眼镜的同学的角度来说，你不近视，如果戴近视眼镜，会伤害你的眼睛。还有，配眼镜不像买衣服，差不多就能买。配眼镜时，首先，医生需要检查眼睛有没有问题，是不是真性近视。然后要量瞳距、测度数，反复试戴。最后，要根据脸型挑选镜框、打磨镜片，并将打磨好的镜片和镜架组装起来试戴，如果不合适，需要再调。眼镜一旦被弄坏了，就需要送去修理或重配，这一套流程就得重新走一遍，非常麻烦。因此，大家在课间千万不要因为好奇去动别人的眼镜，更不要把别人的眼镜戴在你的眼睛上，这样对谁都不好。"

这之后，再也没有学生乱动别人的眼镜了。几天后，我又收到了小墨妈妈的信息，她对我表示感谢，说没有同学再去要孩子的眼镜戴了。

好奇是学生的天性。班主任把道理讲清楚，学生是能听进去的。

发言问题

接手三年级这个班级时，我发现学生上课听讲的专注度不够，主动发言的学生也比较少，总是那五六人。为了调动学生发言的积极性，我在班级优化大师里设置了"积极表达"的项目，每节课发过言的学生加一分，课后及时加分。这样一来，发言的学生明显变多了，但问题也随之而来，比如遇到一些简单的问题，就会小手如林。有的学生因为老师没叫他，心里就不愿意，特别是在给发过言的同学加分的时候，会把小嘴儿撅得老高，不断地在那儿抱怨："我举手了，老师为啥不叫我？"

针对这个问题，我在班里跟大家进行了如下交流：

"老师发现，最近同学们发言的积极性越来越高，表达能力也越来越强。很多同学能够完整、准确地表达自己的想法，这一点老师非常高兴。但是，老师也发现了一个问题——有些同学会因为这堂课上老师没有叫自己发言而不高兴。同学们想一想,我每提出一个问题,都会有很多同学举手,叫谁好呢?总不能同一个问题,让不同的同学重复回答四五十遍吧!是不是每次只能叫几个同学发言呢?那叫谁呢?老师是需要思考的。同学们想知道老师是怎么想的吗?"

他们使劲地点头。

"首先,老师愿意把机会给每个同学。所以,如果课堂上你已经有一次发言的机会,那就适当地让一让,让给那些还没有发过言的同学,好吗?老师也是这样做的,尽量把机会给那些没有发言的同学。其次,如果这个同学平时不太愿意表现自己,而今天他勇敢地举起了手,那老师也愿意给这样的同学一个机会,可以吗?再者,咱们每堂课上的问题的难易程度是不同的。有些简单的问题,几乎所有同学都举手了,随着问题难度的加大,举手的同学逐渐变少,甚至只有一两个同学举手。那同学们想一想,你是愿意回答最简单的问题呢?还是愿意回答有挑战性的问题,从而展示一下你的能力呢?所以,当你举手老师一直没有叫你的时候,不是老师没看见你和不愿意把机会给你,而是希望你能够在下一个更难的问题上展示你的能力。当你在课堂上一直没得到发言机会的时候,或许老师想把那个最难的问题留给你。请你争取做能坚持到最后的那个人,好吗?积极表达不只是为了加分,还为了学习更多的知识。所以,请你认真倾听别人的发言,如果发言者跟你的想法一致,等于自己也发言了;如果不一致,请大胆地发表自己的看法,相当于又给自己争取了一个发言机会。"

一番交流后,再也没有同学因为在课堂上举手老师没有叫他而噘嘴抱怨了。

发言问题一直是班主任比较关心的问题。为了鼓励学生发言,班主任会采取很多积极的措施。但小学阶段的学生心智还不够成熟,很多时候是为了奖励发言,一旦得不到奖励他们就会放弃。这时,班主任要智慧一些,赢得学生的认同。

(二)站在学生的角度做事

班主任要了解学生、尊重学生、有同理心,不仅能站在学生的角度去想,还能站在学生的角度去做。这样往往会收获惊喜。

草坪上打滚

最近一段时间,课间操跑完两圈后,体育老师会领着学生在操场的草坪上进行体能训练——蛙跳,我在一旁负责组织纪律。我发现,几个调皮的男生故意摔倒在地,甚至还打了个滚。小新的腿差点把小光绊倒。我赶忙制止,把小新拉起来,再次强调了安全的重要性。尽管小新连连点头,但他的眼神就没离开过草坪。

同样的情景已经出现好几次了。既然道理都明白,学生却不接受,那作为班主任的我,就需要好好思考和研究其中的原因了。经过反思,我发觉我只是把自己的要求强加在学生身上,却没有进行换位思考,没有想过他们为什么这样做。

于是,我坐在草坪上,闭上眼睛,默默地想:"阳光明媚,微风习习,太阳暖暖地照着,崭新的草坪像一块大地毯,要是我,最想做什么事呢?……"

我的心中逐渐有了答案。我问他们:"你们是不是特别喜欢草坪?"他们使劲地点头。

"那你们最想在草坪上干什么?"

"爬!""打滚!"……

"好,那我规定一个范围,你们在草坪上尽情地玩儿五分钟吧。"

学生面面相觑,问道:"真的吗?"我点点头。

"哇——"他们大叫着,在操场上撒欢地玩儿。

时间到了,我就问:"感觉怎么样?"小新说:"每天能这么玩儿一次,我就心满意足了。"

"想每天都这样?那我可是有条件的。就是集体活动的时候不允许故意摔倒在草坪上。"

"没问题!"

"我为什么提这个要求?"

"为了我们的安全。""因为怕我们被其他人踩着。""这段时间很多班级带队回教室了,操场上人很少,我们打滚也不要紧。"

他们什么都知道,就是管不住自己。但当我站在他们的角度去试着理解他们并给他们释放的机会的时候,他们会非常珍惜,也愿意按照要求去做。

所以,那段时间,每天课间操,我都会留五分钟让学生在规定范围的草坪上尽情地玩儿。集体活动时,再也没有学生故意摔倒在草坪上了。也是打那时候开始,我经常会在适当的时候,让学生在操场上尽情地释放自己。

满架蔷薇一院香

大课间到操场参加体育运动,为避免拥堵,学校给每个班级规定了来回带队的路线。我们班要从教学楼东楼梯下去,围着教学楼走半圈到操场。快速走大约八分钟才能到达操场指定位置。回来时按原路返回,一来一回接近二十分钟。天气炎热,为了节约时间,每次我都督促体育班长领着快走。回到教室,我已大汗淋漓,学生也鼻尖冒汗,不停地用本子当扇子扇来扇去。

今天课间操,我突然发现院墙上开满了蔷薇花,一路走一路欣赏。学生也顺着我的眼神歪头看着。我说:"你们发现了什么?""蔷薇开花了!"他们大声喊道。

原来,他们早就发现了这一美景,但几天来无一人言明。是司空见惯,还是碍于路队时不能随便说话的纪律要求呢?

于是,我说:"咱们停下来好好欣赏吧。""耶!"他们大叫着,跳了起来。"用一个词或一句诗来表达一下你看到的美景或心情吧。"他们七嘴八舌地开始了。突然,我听到小毅喊了句"满架蔷薇一院香"。这是唐代高骈《山亭夏日》里的一句诗,没想到小毅脱口而出,我向他竖起了大拇指。我问小毅可否把整首诗背一下,他略显遗憾地说只记得这一句。"明天我们还会经过这里,到时候你愿意背给同学们听一听吗?"小毅使劲地点点头。

第二天天气更热,经过蔷薇墙边时,我们停下脚步,又一次观赏起来,小毅背诵了《山亭夏日》。没想到,小铭接背了杜牧的《蔷薇花》,小轩背诵了皮日休的《重题蔷薇》,更可喜的是,一向不爱说话的小孟背诵了元朝方回的《红蔷薇花》。

回到教室,我们依然满头大汗,但他们没了往日的怨声载道,而是满脸笑容。美丽的蔷薇花悄然绽放,不仅美了校园,也美了我们的心情。

花儿艳了,燕子呢喃,枫叶红了,雪花飘飘,这些美景岂能错过?作为班主任的我都蠢蠢欲动,何况天真可爱的学生呢?班主任要有一颗童心、一颗爱学生的心,可以在适当的时候陪他们玩儿,相信会有不一样的收获。

所以,如果遇到一些突发事件,我会临时改变课堂内容。比如教室里突然飞进来一只小鸟,在乱飞乱撞。这个时候,学生已经没有心思上课了,那不妨一起帮助这只小鸟,让它重返蓝天。临时改变的教学内容,不但赢得了学生的喜爱,后来也都成了非常好的作文素材。

能共情,有同理心,可以让班主任收获更多的惊喜,和学生心连心。

六 看见优点,给予力量

(一)看见优点,给予肯定

内驱力

从小到大,我在学习方面一直是班里的佼佼者,每学期的考试都是班级第一名,奖状贴满了墙。学校发的奖品都是学习用品,有的是本子,有的是笔。所以我的学习用品都是自己挣的。我最快乐的事情就是上学,因为我的成绩总是遥遥领先,所以得到老师的鼓励也很多,在学校我能够收获成就感。

现在想想,不是因为我聪明,而是因为我想学好,我的内驱力是相当强大的。那么内驱力是怎么来的呢?一是来自优异的成绩,二是来自老师的表扬,三是来自父母的鼓励。

小时候父母对我的鼓励起了很大的作用。母亲经常跟我说村里人夸我小时候数数数得快,干活像模像样。可能村民们的夸奖让母亲感觉脸上很有光,所以她经常在我面前念叨这些事情。

我印象深刻的一件事是母亲在别人面前夸我爱读书。姥姥家的墙是用报纸糊的,满墙都是。对于报纸上的那些文字,我还是比较感兴趣的,我愿意读报纸上的那些文章。每次到姥姥家,大人们在聊天的时候,我感到很无聊,就会读那些文章。这个时候也会无意中听到大人对我的一些夸奖。他们说:"你看人家这个孩子,怎么这么爱学习。"母亲会不失时机地加一句:"俺家这个小嫚就是爱读书,到哪里都愿意读。"听了他们的谈话,我心里那个美呀。当家长给我贴了一个"爱读书"的标签时,我会极力保持在大人心中的美好形象,这就是皮格马利翁效应。因此,读书成了我的爱好。在那个没有书籍的年代,姥姥家墙上的那些报纸,让我学到了很多。这就是看见的力量!

每个学生都渴望被认可,当班主任用心发现学生身上的闪光点并及时给予肯定时,就如同在学生心中种下了一颗积极向上的种子。比如学生在演讲比赛中脱颖而出时,班主任可以在全班进行表扬:"你这次的表现太棒了!那么从容自信、铿锵有力,为努力的你点赞!"学生书写认真时,班主任可以不失时机地说一句:"你的字真漂亮,老师就愿意批阅这样认真写的作业。"

对学生日常行为中的优点加以肯定,还有助于学生将良好的行为固化为习惯,利于形成良好的班风。因此,如果班级出现了一些好现象,班主任应及时鼓励并引导。

例如,看到学生主动捡起地上的纸屑,班主任要立刻送给他(她)一个大大的赞。课间休息时,如果有学生安静地读书,班主任可以及时送上一句:"你利用课间充实自己,这份自律太了不起了!"班主任的肯定就是引领,不仅对学生自身是一种鼓励,对其他同学也是一种启发和引导,会让班风越来越好。

脚崴了

那年我带足球班,我们班每天下午最后两节课都是足球课,下课后直接在操场上站队放学。每次我都让学生总结自己在足球课上的表现,他们往往从安全、纪律、训练效果等方面进行发言。

今天,我照例在放学前进行总结,却看到了不整齐的队伍。小奕的左右两边各有一个男生扶着他,小君的身前、身后各背了一个书包。

看到我疑惑的眼神,小奕说:"我的脚崴了。"

顿时,我明白了,大家这是在帮他呀!知道小奕没有大碍后,我说:"同学们,看到大家这么团结互助,我很高兴。"没想到,他们七嘴八舌地说开了。

小彤说:"我这几天腰不舒服,小宇每天主动帮我背书包。"

子墨说:"每当我跑不动了,鑫泇就会在旁边鼓励我,说坚持到底就是胜利。"

"孩子们,老师为你们骄傲!从你们的谈话中我知道了,你们对同学的帮助是心怀感恩的,对吧?那就把这份感恩之情化作行动,让我们的班级越来越温馨!"

足球课上,学生越来越注意安全了,也越来越团结互助了。每次总结时,感人的事例越来越多。

系鞋带

每次大课间上操回来,体育班长都要对上操情况进行总结、加分。那些半途出去系鞋带的同学,因为跑操跟不上队伍,往往会失去加分的机会,小勇就是其中一个。因此,每次跑操前,我都会提醒他们先系好鞋带。可是每次到了操场上,出来系鞋带的都有小勇。

一天课间,我发现教室后面蹲着两个学生,一个是小勇,另一个是小冉。仔细一看,小冉正在教小勇系鞋带。他边演示边说:"你看,使劲拉一下,鞋带就系紧了,就不容易开了。"我笑了笑,没作声。

第二天,大课间又要跑操了,我特意关注了一下小勇,发现他这次没有出去系鞋带。回到教室,加了两分的小勇,笑得合不拢嘴,还偷偷地瞄了小冉一眼,小冉向他竖起了大拇指。

我说:"小勇,此刻是不是特别高兴?有没有话想说?"

小勇挠挠头,说:"我要感谢小冉,他帮我系好了鞋带。"

"那明天怎么办?还让小冉帮你系?"小勇不作声了。

"老师知道你是个懂得感恩的孩子,为了感谢小冉的帮助,你自己把鞋带系好,明天的课间操展示给小冉看,好不好?"

接下来,每个课间都会看到小冉和小勇在教室后面练习系鞋带的温馨场景。第二天,小勇果然没有出去系鞋带,他学会了系鞋带。我趁机说:"我们不仅要乐于助人,更要学会感恩,努力改变自己,用实际行动感谢帮助我们的人。"

(二)看见渴望,给予机会

每个学生都是独一无二的,他们渴望成长,尤其是那些平日里调皮捣蛋、难以捉摸的学生。他们心底的渴望一旦被看见、被点亮,同样会绽放出令人惊叹的光彩。

令人刮目相看的小铭

小铭是一个聪明但习惯不好的学生。上课爱说话,我给他调了很多次座位,但不管跟哪个同学做同桌,他都能把同桌带偏。最近这段时间,他上课不说话了,而是改成了画画,可能是因为前后左右全是女生,找不到呼应的人了。

他上课画、下课画，在书上画、本子上也画。他画得很痴迷、很投入，有时叫他起来发言，他竟然不知道老师提的问题是什么。他不在课上讲话了，而是移到了路队上，放学路队、体育课、微机课等，他说个不停。我多次跟他单独沟通，可效果不明显。我跟他妈妈也交流过，他妈妈说，他的这种情况在家里也有，她也用过许多办法都不见效。

我一直在思考：为什么老师和家长的教育不起作用呢？我每次跟他谈话，他都知道自己做错了。他回家还跟妈妈说，老师真是用心良苦，为了让他养成好习惯，给他安排的同桌、前后桌都是优秀的女同学，很感谢老师。可见，他是一个非常懂事的孩子。但一到课堂上，他依然我行我素。我真是百思不得其解。

于是，我放弃了对他的说教，开始仔细观察他。我发现他有着较强的上进心，经常问我："王老师，小组长是固定的吗？路队长几周一换？"看来，他非常想当小组长或放学路队的小队长。

一天放学，我在班里说："放学路队的小队长轮流来当，本周的路队长注意观察，推荐纪律好的同学当下一周的路队长。"可喜的是，小铭当选了！看来，他还是能管住自己的。而且，当路队长的那周，他表现得比上周还好。我趁机好一顿表扬他。

下周一升旗，体育班长要上台领奖，班级暂时没有体育班长带队，于是，我提前在班里说："要选表现最好的同学，在下周一升旗仪式的时候，当代理体育班长，观察期三天。"接下来，小铭表现得非常好，上课不画画了，认真听讲，发言积极，因为他平日里喜欢读书，表达能力很强，经常赢得同学们的掌声。路队上，他总是将小胸脯挺得高高，表现得相当不错。于是，他又获得了代理体育班长的资格。从带队去操场到带队回教室，虽然只有短短的半个小时，但整个升旗仪式，他一声不吭，站得笔直。我趁热打铁，把他单独叫到了门外谈话。

"老师发现你最近表现得很不错。上课很少画画了，听讲也专心多了，路队上也不跟同学说话打闹了。老师想知道你是怎么做到的呢？"这时他用拇指狠狠地掐了食指一下，我赶快拉过他的双手，一看他大拇指的指甲盖上有很明显的折痕。

"上课时，只要想画画或说话的时候，我就掐自己的指头。"

看着小铭的双手，我心疼了。看来他不是我和家长表面看到的屡教不改、不可救药。他非常想改掉毛病，也在努力着。想象一下，一个孩子为了改掉自己上课画画、不专心听讲的毛病，竟然采取了掐自己指头肚的方法，这是下了多大的决心呀！我甚至有点儿自责，是不是我对他的要求过于急切了？于是，我问他："这是谁教你的办法？"他说是自己想到的。"你看你的指甲已经这样了，疼不疼啊？"他摇摇头说："不疼。"

小铭是渴望上进的，当他的渴望被看见、被满足，其内心的力量就会被唤醒、被激发，就会产生巨大的动力。他自己会想方设法地改变自己的行为。

经过观察，我发现小铭画画确实有天赋，画的人物栩栩如生，画的房子结构复杂、线条清晰。于是，我从他的特长入手，推荐他当了美术课代表。他非常兴奋，凡是美术老师布置的任务，他一定第一个完成，而且完成得相当棒。班级的"幸福日记"需要画个封面，班级要办黑板报、手抄报，他主动申请当负责人；因为作文写得好，所以几乎每一期班报上都有他的作品；他和他妈妈积极争取整理班级作文选的机会，母子俩一起修改错别字和语言不通顺的句子，整理排版。

找到自信的同时，他也在悄悄地发生着变化。他的纪律好了很多，上课听讲也认真了，成绩提得很快。他在讲故事比赛中获得全校第一名，在古诗大赛中获得"古诗大王"称号，在作文大赛中获得全区一等奖，在学校大队委竞选中当了大队长，令老师和同学刮目相看。

（三）看见进步，给予鼓励

班主任整天与学生打交道，会遇到各种各样的学生，有的敏感，有的自卑，有的拖拉磨蹭，有的对学习不开窍。对于这些在某方面暂时落后的学生，班主任要多观察、多发现、多研究他们出现问题的真正原因，除了给予他们更多的关爱和耐心外，更要看见他们的进步，给予他们更多的鼓励。

不会画茶缸的我

我上小学时，学校没有专职的美术老师。小学六年，我只在三年级上过一节美术课，那节美术课令我终生难忘。

那天，一位老师拿着一个小黑板进了我们的教室，黑板上是一个提前画好的茶缸。老师把小黑板往讲台上一放，我们就兴致勃勃地开始画了。我照着老师画的茶缸，一笔一笔认真地画起来。画完之后，我端详本子上的茶缸，怎么看怎么不像，但不知道如何修改，于是就擦掉重画。第二遍画出来的茶缸还是那样。直到画纸被我用橡皮擦破了，我也没有画出一个像样的茶缸。这时候，旁边的同学看不下去了，拿起铅笔，在我画的那个茶缸上改了几笔。天呐！原来茶缸上面的口，应该画成椭圆形，而我画的是圆形。我怎么就看不出来呢？那一刻我突然感觉，虽然其他科目我名列前茅，但在美术方面一点不开窍啊！打那之后，一遇到美术方面的问题，我就退缩，不敢尝试。

工作后，一次参加教师素质考试，考的项目虽多，但我很有自信，除了简笔画。我一直对此很担心，生怕自己过不了关。于是，我买了一本学画简笔画的书，一有空就照着练习。某天，同办公室的美术老师发现了我练习的本子，随口说了句："你画得很不错啊！"她的话给了我无限的鼓励。

从此，我不再自卑，不再偷偷练习，经常主动向她请教。在她的指导下，我越画越好，越画越爱画，考试顺利通过，成绩还很高。

尺有所短，寸有所长。每个人都有自己的长处和短处。比如一个作文写得不错的学生，可能数学成绩不高；一个学习不好的学生，可能是个运动健将。越是存在不足的学生，越需要老师的鼓励和帮助。

还有一些"问题学生"经常屡教不改，令班主任头疼不已。对于这样的学生，班主任要开展智慧教学，多看他们的进步。

对于"问题学生"，班主任不要只盯着他们的问题反复批评，要进行正面引导。魏书生老师说过，他从来不刻意去管他们班的调皮学生。比如这个学生爱打架，他不会强调这个学生爱打架的行为，相反，如果学生打架了，他会问学生："这是你这个星期的第几次打架？"如果学生说是第一次，那就使劲夸，如"一个星期有五天在校，你就打架一次，有四天是很好的，老师表扬你"。学生心里会美滋滋的。再过一段时间，如果这个学生又打架了。就再问他："这是你第几次打架呀？""第二次。""你有多长时间没打架了？""一个月。""上次是一个星期打了一次架，这次是一个月才打一次架。你的进步好大呀。"在这样的鼓励下，学生会越来越好，取得更大的进步。

看到学生的进步，而不揪着其打架的行为不放，这样更容易触动学生的心，强化学生的正面行为。

2022年，我接了一个六年级的班，班里有个学生全校闻名，打架、骂人对他而言犹如家常便饭。那段时间，几乎每逢课间我都会找他个别谈话。我们的谈话从开始的一天五六次，逐渐到一周两三次，再到一个月两三次。我学着魏书生老师的做法,通过谈话次数的减少表扬他的进步,最后确实感受到了学生明显的进步。

对于经常犯错的学生,班主任如果一味地揪着他们的问题不放,只会强化他们的错误行为。班主任应关注犯错学生的进步,给予其认可和鼓励,这样更容易触动学生的心,强化其正面行为,这有助于他们朝着更好的方向努力,取得更大的进步。

七 帮助学生,教授方法

班主任经常遇到这样的情况:有时学生犯错了,老师与其沟通交流了,也批评教育了,但过几天学生还会犯同样的错误,或者是一件事情没有达到预期的效果。这时,班主任应该认真反思,找出问题的关键所在,是学生故意跟老师作对,还是他们需要帮助呢?

老师,我需要帮助!

一次作文讲评课上,我做了精心的准备,总结了本次作文的优点和存在的问题,并针对问题逐一进行了仔细的讲解。最后,我带领大家欣赏了两篇优秀作文,和学生一起分析了文章的优点,又找了一篇存在共性问题的作文,投影出示,集体修改。交流了一节课,我口干舌燥的,感觉自己讲得很细了,学生听得也很认真。于是,第二节课,我让学生根据我的批语和刚才的讲评,修改自己的作文。看到他们认真地改着,我便在教室里巡视。

突然,有一只小手轻轻地拽了拽我的衣角,我一看,是小洋。她一副欲言又止的样子。于是,我弯下腰,轻轻地问:"怎么啦?"她小声说:"老师,我需要帮助!"我俯下身,针对她的作文,仔细地给她讲了一遍。

下课后,小洋主动把修改好的作文拿给我看,尽管还是满脸羞涩,但多了一份自信。

几天后,小洋那句"老师,我需要帮助"一直在我脑中萦绕,她那羞涩的面容时时浮现在我的眼前。我开始反思自己平时的一些做法,我曾在班里抱怨:"我讲过多少遍了,你怎么还出错?"还为此生气上火过。其实,尽管我认为自己讲得很仔细了,但每个学生都是不同的个体,学习基础不同、生活体验不同、领悟能力不同,接受起来步调不会完全一致,怎么可能老师讲一次,大家就都会了呢?

"老师,我需要帮助"就是学生渴望进步和成长的心声。这句话深深地印在我的脑海中,让我对学生有了更多的理解。后来,在事情没有达到预期效果的时候,我便会思考,学生是否需要我的帮助。这时,我要做的不是批评教育,而是教给学生方法并进行引导,让他们逐渐成长。

何时拖走廊的地?

有一年,我们班的教室在一楼,室外走廊是我们的卫生区。教室门前的走廊加上一段南北连廊,比较长,既是各班打扫室外卫生区的同学回教室的必经之路,又是从南门进校的老师到北教学楼的必经之路。

学生每天早晨都要拖走廊的地。一个早晨要拖好几遍,经常刚拖完,又踩上脚印了,也常因为拖地时间太长了,耽误上早读。几个负责拖地的男生愁眉苦脸地来找我。于是,我召集全班,大家一起想办法。集体的智慧是无穷的,同学们迅速想出了办法。

一是换拖把,把布拖把换成胶棉拖把,这样拖完的地面干得快,不容易踩上脚印。二是改变拖地的时间,先上早读,待打扫室外卫生的同学回教室了,再出去拖地。三是布拖把和胶棉拖把配合用。布拖把大,拖得快,先拖第一遍,再用胶棉拖把拖第二遍,这样相互配合,能提高效率,十分钟之内就可以拖完走廊,事情圆满解决。

怎样迅速打扫室外卫生?

有一年,我们的教室在四楼。室外卫生区很大,也比较远,树木很多,有时会有很多落叶。开始,负责打扫的同学总是不能在学校规定的时间点赶回教室,总耽误上早读。一开始,我以为他们贪玩,浪费了时间。因为我已经带着学生打扫了一周,提了要求,也教了方法,还给每个同学分了工,怎么会打扫不完呢?

那天,我去了卫生区,悄悄地站在一边看:每个人都在打扫,没有人玩,但从教室拿下去的垃圾桶放在卫生区的最西头,垃圾扫到了最东头,有个男生用铁簸箕盛着垃圾一趟趟地往垃圾桶里倒,撒了一路。

回到教室，我召开了班会，把看到的情况说了一遍。有的学生说："可以把垃圾桶拿到垃圾的边上。"我说："对呀，垃圾桶不是固定的。"那个用铁簸箕盛着垃圾一趟趟地往垃圾桶里倒的男生恍然大悟。现在不少学生在家过着衣来伸手、饭来张口的日子，很少有劳动的机会。看来我需要好好地引导他们和教授方法才行。

"这只是其中一个小组的问题，其他小组有什么问题呢？"我组织学生继续讨论，汇总后发现有以下四个问题：一是个别学生贪玩，一边打扫一边玩，拖延了整体的时间；二是有的学生来得太晚了，他的卫生区没人打扫；三是早上时间太紧张了，到教室放下书包，再拿着工具下来，就需要五分钟的时间；四是干活的过程中没有关注时间，不知道几点了，所以没能按时回教室。

针对问题想办法，我们该怎么解决呢？经过全班同学的一番讨论，我们总结出以下五条解决办法：一是每个人都要管住自己，不玩耍，组长要及时提醒玩耍打闹的同学；二是来得早的学生可以多拿一些工具，来得晚的同学可以直接背书包到卫生区，打扫完再回教室；三是如果同一小组内有人迟到，其他组员帮他打扫，相互帮助，一起排队回教室，然后找时间进行总结评价；四是打扫卫生要讲技巧，要动脑思考，如果只有几片树叶，可以直接捡起来，比用笤帚扫快；五是小组中提前安排一个人佩戴手表，掌握时间。

后来，卫生委员每天提前五分钟下去带队，在检查卫生的同时，替他们掌握时间。

上述问题的解决，不仅帮助了学生，也激发了他们的智慧。

怎样做到整齐走操？

有段时间，因为场地的原因，学校要求各班利用大课间走操。每个班级在操场上有固定的位置，全班排成一个椭圆形，进行循环走动。对于很多班主任来说，"走操"是个新名词，学生更觉得新奇。

第一次走操时，尽管之前我强调了纪律，但整个过程是比较乱的，这在我的意料之中。回到教室，我引导学生进行总结。

首先，我让学生反思今天走操存在什么问题。他们纷纷发言，大部分都说队伍不整齐，太乱了，但不整齐的原因他们就说不上来了。好与不好，学生是能看出来的。作为班主任，我们要做的不是评判好不好，而是要让学生知道为什么不好以及如何做才能好。

我有拍照和录像的习惯，于是，我就来了个情景再现，通过电脑投屏将我用手机录的一段视频播放出来。学生津津有味地看着，他们大声喊着出错同学的名字。录像中看不清楚的，我就在讲台上学着他们的样子走操。比如有的同学穿着很笨重的棉衣，走着走着热了，就把衣服的拉链儿拉开，更有甚者将衣服的领子拉到了肩膀下面；有的同学故意把袖子甩过来、甩过去；有的同学走走停停，一会儿来个后踢腿，一会儿来个摸高跳。当我把这些动作模拟出来的时候，全班同学笑得前仰后合。

我继续边说边表演，有的同学一看见离前面同学太远了，就快速往前冲，后面的同学也跟着跑起来，一起往前冲，整个队伍就显得相当混乱；有的同学发现操场上空有无人机在飞，感觉特别好玩，眼睛一直盯着无人机，甚至不停地喊："哎，无人机，无人机。"直到后面同学不断提醒，抬头喊的同学才发现同学们已经走远了，于是不管三七二十一，低头就往前追，甚至能一头撞在前面同学的身上。这些我都进行了情景再现，教室里笑声朗朗。

等大家安静下来，我问："同学们，如果无人机拍下了这些，你感觉好不好看？"他们陷入了沉思，纷纷说"不好"。

"那我们应该怎么做？如何解决这些问题呢？"他们积极发言。

学生知道该怎么去做。只不过他们有时候出于好奇，有时候出于好玩，没有意识到自己的行为有多么不雅。当把这一切再现给他们的时候，他们就能意识到问题所在，也会主动想办法解决。这时，办法自然就有了。

根据学生的发言，我们总结了走操的几点要求：一是上操之前，应根据天气情况确定好穿多少衣服，将不穿的外套放在教室里，如果确实需要穿，那就把扣子扣好；二是走操的时候，一定要抬头挺胸、专心致志，不要东张西望；三是走操过程中，要与前面同学保持一定的距离，不要忽近忽远，更不要贴到同学的身上；四是如果有同学走神了，你想提醒他（她），最好在不打扰别人的情况下，用最小的声音或眼神和手势等进行提醒。

教育教学过程中，出现问题在所难免，班主任不要一味地批评，而要帮助学生，引导他们反思并找到解决问题的办法。

八 — 理性对待学生问题

做班主任工作时间久了,经验便多了,有时会出现仅凭经验就想当然地对事情下结论的情况。其实,任何一个问题的出现,都有它背后的原因。班主任既不要掉以轻心,也不必大惊小怪,要以理性又恰当的态度去对待学生的问题。

(一)不要不以为意

一个气球

"六一"国际儿童节那天,学生带来了很多气球,把黑板装饰得很漂亮。在学生的欢声笑语中,庆祝活动结束了。看着满黑板的气球,一个男生过来对我说:"老师,我想把自己的气球拿下来,可以吗?"我说:"可以的。"听到这句话,不少学生来到黑板前拿气球。过了一会儿,小A说:"老师,小B抢我的气球。"我转过头,看到调皮的小B正拿着一个黄色的气球,嬉皮笑脸地朝着小A炫耀着。我对小B说:"把气球还给人家。"但小B拿着气球跑远了。小B这孩子心眼不坏,就愿意开玩笑。我对小A说:"实在不行,你就重新拿一个吧,你看黑板上还有很多呢。"小A没作声。

说完,我继续指挥学生整理桌椅、打扫教室,没有过多在意这件事情。谁知,过了一会儿,就有同学喊:"老师,有人打起来了。"我一看,小A和小B正扭打在一起。我迅速把他俩分开,然后叫到了走廊上。他俩满面通红,小A气哭了。

我非常诧异,没想到事情会发展成这样。根据以往的经验,气球这些东西他们也就喜欢一会儿,很快就会被丢掉。何况他们已经六年级了,有些学生的个子比老师都高了,还会在意一个气球?看来,是我没有足够重视这件事。

于是,我就问他们:"怎么回事?因为一个气球动手,值得吗?"

小A气呼呼地说:"那是我的气球。"

小B说:"我又不是真想要你的,跟你玩玩,你怎么那么较真儿?"

"我的就是我的,凭什么你拿去玩?"

在我的开导下,小B给小A道了歉,小A拿着自己的黄气球回家了。

　　这件事情引起了我的反思。我在想，幸亏他们没有受伤，否则这件事就不太好处理了。看来，是我对这件事的重视程度不够。我没有想到那个平时就很较真的小 A，在意的不是气球本身，而是想拿回属于自己的东西。我根据以往的经验，自以为是地认为他们喜欢的是气球，有一个拿着玩就行。我没有料到二人会因此发生矛盾，甚至"大打出手"，所以一开始没有在意。看来是我想错了。

　　教导学生不能用统一的标准，他们有不同的性格和特点，班主任应站在学生的角度去看待事情。

玻璃杯碎了

　　课间，我走进教室，学生在做下节课的课前准备，突然，啪的一声响，不少学生被吓得尖叫起来，我也被吓了一大跳。原来是小洲转身拿书时，把后面小涵的水杯碰到了地上。玻璃杯碎裂，水洒了一地，玻璃也碎了一地。学生被吓得一时没反应过来，小洲和小涵更是手足无措，面面相觑，他们都静静地看着我。我心里一惊，首先，看看有没有人受伤，确认安全之后，我说："现在该怎么办？"大家这才想到该收拾一下残局。于是，拿笤帚的、拿拖把的、搬凳子的，他们忙开了。我看到小洲弯下腰，伸手要去捡玻璃碎片，赶紧喊道："不要用手捡，用工具来收拾。"小洲的手停在空中，他直起身来，接过一个笤帚扫了起来。在大家的齐心协力下，碎玻璃很快被收进垃圾桶，地面也被拖得干干净净。

　　小洲长吁了一口气，他愧疚地看了看小涵，什么也没说。这时，上课铃声响起，我示意他俩先坐下上课。课间，我把他们叫到身边，问："对于这件事，你们有什么想说的？"他们都不作声。我又问全班同学："你们有什么看法？"大家你一言我一语。

　　一个学生说："老师说过不让带玻璃杯，太危险了。"这时，小涵很委屈地说："妈妈让我带的。""是吗？"我脱口而出。大家应该是听出了我的生气，纷纷将矛头指向了小涵。

　　"就是，碎了的玻璃容易割伤手。""刚才把我们吓坏了。""水杯也不应该放在桌子上，很容易被碰下去。"

　　面对同学们的指责，小涵默不作声，怯怯地看着我。听到大家这样说，本来还很紧张的小洲，开始放松起来，似乎他没做错什么。

我说:"大家说得都对,我们不能带玻璃水杯,还有别的想说的吗?"

一个学生说:"我们不能在座位上乱动,小洲经常把别人的东西碰掉,上次他把我的书也碰到地上了。"

我对小洲说:"是呀,你看,你这一碰,摔碎了小涵的水杯,她就没法喝水了。还吓了大家一跳,幸好没有伤到人。你以后要注意什么?"他反思了自己的错误,但仍然没有道歉的意思。我只好提醒他:"该对小涵说点什么?"他说了一声"对不起"。上课铃响了,这件事情就这样结束了。

晚上回到家,我一直在想这件事情,不断地反思。当班主任时间长了,我满脑子想的都是安全问题。这件事情一出,我首先想到的也是安全问题,所以最生气的有两点:一是学生不该带玻璃杯到教室,而且没把水杯放到后面的橱里;二是课间男生太调皮,左右乱转,碰掉了别人的水杯。所以,整件事我就围绕着这两点来进行引导和教育,当我觉得这次突发事件的教育效果达到了以后,我的处理也就结束了。

其实,我忽略了一个很重要的人——小涵。她是有过错,但自始至终是受伤的一方,不但没得到安慰,还被同学们你一言我一语地批评,心里该多么难受啊!我是不是应该倾听她的心里话?

还有,我想到了她接下来没有水杯,没法喝水,但我并没有帮她解决。这一天,她会不会口渴?我是不是应该想个办法,比如找个一次性纸杯或者联系一下家长再送个水杯过来?作为班主任,我一直认为我足够爱学生,把他们当自己的孩子来教育和关爱,看来,我做得远远不够啊!

第二天一进教室,我就把小洲和小涵叫到面前,再一次说起了昨天的事,问问他们有什么感受?结果发现,小涵没带水杯,说是昨天上午水杯打碎后,怕被妈妈批评,没有告诉她,暂时没有水杯。

我很自责,我没有及时跟家长联系。于是,我把自己的一盒牛奶给了小涵,这时,小涵脸上的委屈和忧郁不见了,她向我羞涩地一笑,不好意思地接过了牛奶。课间,我赶快给小涵妈妈打电话,解释了整件事,并建议家长给孩子送个水杯过来。小涵妈妈也很自责,说昨天的确是她让孩子带玻璃水杯的,她没想到安全问题,孩子回家也没有说水杯碎了。新水杯很快就送来了,小涵的脸上露出了笑容。

班主任跟学生打交道最多,几乎每天都在"断官司",有时事情多,会心烦,也会顾不上,但不管多忙、多烦,我们都不能敷衍,不能不以为意。也许在我们看来很小的一件事,在学生那里就是天大的事。比如这件事,要是小涵害怕回家挨批评,一直不敢说水杯打碎了,我也没有发现她没有新水杯,那孩子得忍着口渴多少天啊。所以说"教育无小事"!

(二)不要大惊小怪

很多事情班主任不能不以为意,但也不要大惊小怪,要根据具体情况进行研究,做出具体的分析,找到合适的策略。

国画颜料不见了

下午放学前,我走进教室,小月突然喊道:"老师,我的颜料不见了。"刚上完国画课,怎么会不见了?我让学生前后左右找找。过了一会儿,小月说,后位小荀的桌子上有一盒颜料,跟她的是一样的。

我看了看小荀,他低着头不说话,于是,我问:"这个颜料是你的吗?"他说:"不是。""那怎么在你的桌子上?""我捡的。""在哪里捡的?""地上。"

这时,美术老师说,桌面上东西太多,不方便画画,她就让学生留下几支要用的颜料,其余的放到地上。因为临近放学,也没有时间跟学生进行过多的交流,我就先把颜料还给了小月。

突然,小娇说她的颜料也不见了。不一会儿,也从小荀的桌洞里找到了。那一瞬间,我非常生气,也非常不解。小荀怎么能把别人的颜料据为己有呢,而且还是两盒!几次深呼吸后,我迅速冷静下来,看着低头不语的小荀,我说:"先放学,明天跟老师说说心里话,好吗?"他点了点头。

晚上我就跟小荀妈妈进行了电话沟通,了解到小荀的姐姐学美术,家里的颜料很多,小荀用的就是姐姐用剩下的。

我跟小荀进行了单独谈话,了解到他妈妈给他的国画颜料只有几支,他想要一盒新的,但没跟妈妈说。同学找颜料时他没作声,是因为觉得那时候承认很没面子。看来小荀的自尊心还是很强的。

最后,我跟小荀说,每个人都用自己的东西,才用得心安理得。通过交流,我和小荀达成了以下几点共识:第一,我建议小荀,需要东西的时候要跟爸爸、妈妈说,如果爸爸、妈妈不给买,就把想要的理由说具体些,征得爸爸、妈妈的同意;第二,如果自己的不够用,就正大光明地问周围的同学愿不愿意借;第三,捡到了同学的东西,要交给老师,或直接问问周围的同学谁掉了东西;第四,我告诉小荀,我觉得他是懂事的,相信他会知错就改。小荀说他能做到。

接下来的几天,小荀极力地想在我面前表现出一个好学生的样子,一捡到东西就交给我,一支笔、一把尺子,甚至是一个笔帽,每次我都让他问问是谁的,还给失主就行。然后不忘夸一句:"你真是一个懂事的孩子,捡到东西上交,还主动还给同学,真好!"再朝他竖个大拇指。我每次都看到了小荀脸上灿烂的笑容。拿别人东西这样的事情,小荀再也没有做过。后来,我又跟其家长进行了沟通,让家长多关注孩子的内心,家长也很感谢我。

学生丢东西这样的事情,每个班主任都会遇到。通过交流,我知道了学生心里的真实想法,他可能感觉在国画课上别人都有颜料,就他没有,他不自在或比较自卑,就用了一种自己认为可行的错误的方式去达到目的。发生了这样的事情,并不能说这个学生的本质就是坏的。

作为班主任,遇到事情,我们要进行换位思考,不要用成人的眼光去看待一个学生,而要真正地走进学生的内心世界,去看看他到底是怎么想的;更不能一味地给他定性为坏学生。很庆幸,我没有主观臆断,没有简单粗暴地处理这件事,既保护了小荀的自尊心,又教会了他以后遇到这种事情应该如何处理。

又发脾气了

体育课结束后,体育老师生气地跟我说,他又被小诚气着了。原来,男女生迎面接力比赛时,小辰跑得慢了,导致男生输给了女生。后来发现,小辰跑得慢是因为腿疼。于是,小诚就跟体育老师说,小辰腿疼,能不能不让他跑了。体育老师就说,能不能跑小辰心里有数,他感觉能跑,那就让他跑吧。

谁知,小诚说了一句:"跑吧跑吧,跑死他。"体育老师一听就生气了,对着小诚说:"你说什么?再说一遍!"

我想,换作任何一个老师,遇到这样的学生都会生气。体育老师不明白的是,小诚为什么会说出这样恶毒的话。我也很疑惑。

下午我把小诚单独叫到走廊谈话。

"上午的体育课上又发脾气啦?"他点点头。

"说了不该说的话?""我当时生气了。"

"你为啥生气呢?""老师听不懂我在说什么。"

"那你在说什么呀?""我说小辰腿疼,就不要让他跑了。"

"你不让小辰跑，是因为他会把你们的成绩拉低吗？""不是呀，是因为他腿疼。"

"你是怕他再受伤？心疼他是不是？"他使劲地点头，眼泪在眼眶里打转。

"那你也不应该说'跑吧跑吧，跑死他'这个话呀。""因为老师听不懂我在说什么，我就特别生气。一生气、一着急我就……这样说了。"

"以后把自己的意思表达清楚，好吗？"他着急地跺着脚说："我也想表达清楚呀，可是我不知道怎么表达。"说着就哭了起来。

不知道怎么表达？他不是一个性格内向的孩子呀，平时挺爱管闲事、爱打抱不平的，还经常跟同学闹矛盾。为此，我没少找他单独谈话。他给老师的印象就是倔强、冲动、爱发脾气。我印象深刻的是他生气时的两个表情。一个是发脾气初期：攥着拳头，歪着头，皱着眉头，两眼死死地瞪着对方，噘着嘴巴，一言不发，鼻子还哼哼地向外喷气，像一头倔强的小牛。另一个是谈话一段时间仍不见效时：眼睛看向别处，一副不屑一顾的样子。共同的特点是，不服气，但就是不解释。

那一瞬间，我似乎明白了为什么他会经常着急发脾气。是不是有很多时候，我们都误解了他的意思？回到这件事，在当时那种情况下，因为正好是迎面接力，又恰好是小辰腿疼跑得慢了，所以小诚的话很容易让人感觉他在埋怨、责怪跑得慢的小辰。

晚上，我给小诚妈妈打了电话，交流后得知，小诚的腿受过伤，因为不听妈妈的话，没有好好休息，导致腿伤加重了。

原来，这个一会儿说"老师您真好，您讲的我都能听明白"，一会儿又朝你瞪眼噘嘴，看起来反复无常、令你无奈的小男孩，其实不知道怎么表达他的想法。当我们误解他时，他就着急了，更不知道如何正确表达了。

小诚需要我的理解，更需要我的引导和鼓励。接下来，我会教他如何正确表达自己的想法，这样才能从根本上消除他的暴躁，并改善他和同学间的人际关系。

我忍无可忍了

晚上，我接到了小馨妈妈的电话。她说小馨的同桌小帅经常无缘无故地打她，有时还用脚踢她，小馨忍无可忍了，想换位。我非常意外，因为小帅虽调皮、上课爱走神、会偷着说话,但要说他故意打人、踢人,我还是第一次听说。

于是,第二天我找小帅单独谈话。

"你打小馨了吗?"没想到他直接点了点头。

"还踢她啦?"他也承认了。

原来是真的!我很生气,就狠狠地批评了他一顿。他只是看着我,手足无措的样子,没辩解一句。只是我说什么,他就点点头。

回到办公室,冷静下来之后,我想,这件事是不是处理得太草率了?小馨是这学期刚转来的,长得白白净净的,很漂亮,运动会方队表演,她在最前面领舞。她学习认真,也不调皮,在班里人缘很好。平时也没看出来小帅跟她有矛盾。那小帅为啥要打她?我百思不得其解。

下午,我又找小帅谈话。

"小帅,老师有个问题想不明白,咱俩谈谈好吗?你为什么打小馨?""不为什么。"

"打过其他女同学吗?""没有。"

"小馨打过你吗?""没有。"

"你是想换同桌吗?""不想。"

"那为啥打她?""不为什么。"

问题又回到了原点。第二次谈话以失败告终。

我又找小馨了解情况,还是没找到答案。小馨说,她想换位。于是,我找小帅进行了第三次谈话。

"小帅,王老师今天还想跟你谈谈。今天你把老师当成好朋友,咱俩谈谈心好不好?"他点点头。

"王老师有个特点,就是如果有问题想不明白,就一定要弄明白。还有就是王老师是个讲诚信的人,你看你打小馨的事,我说为你保密,不跟你爸爸妈妈说,已经过去两天了,我是不是做到了?今天谈话的内容只有咱俩知道,我们都不跟别人说,好不好?"他点点头。

"老师想给你换个同桌,征求一下你的意见,你想跟谁做同桌?"这时,小帅低下了头,小声说:"我不想换同桌。"

"就想跟小馨同桌?""嗯。"

这时,我似乎明白了什么。

"老师很喜欢小馨,你呢?是不是也觉得她很可爱?""嗯嗯。"小帅抬头看了我一眼,又迅速地低下了头。

"你经常无缘无故地打她一下、踢她一下,是希望引起她的注意,让她多看你一眼?"他点点头。

看着面前这个三年级的小男生,我不由得笑了。

"那你知不知道,小馨喜欢你这样做吗?"他摇摇头说:"不知道。"

"那老师告诉你,她不喜欢你这样做。今天早晨还跟我说,她想换同桌,不愿意和你做同桌了。你上课经常找她说话,影响她听讲。下课又经常打她,她很生气。"小帅的脸变得通红,一声不吭。

"你知道以后该怎么做了吗?如果你能改正,老师愿意帮你问问小馨,看她能不能给你个改正的机会。""我愿意改。"他连忙答应。

"那就看你的表现啦!"

谈话顺利结束,问题被圆满地解决,接下来小馨和小帅相处得很融洽。

原来,女生说的男生无缘无故地欺负她,其实是那个男生故意用打一下、踢一下的小动作来引起女生的注意。

老师不爱我了

一天晚上,我接到了小亮妈妈的信息,"王老师您好,小亮回家说您不爱他了"。

小亮比较调皮,但也天真。接手这个班后,我把很多精力放在了他身上,他也一天天地进步着。一句"老师不爱我了"让我陷入了沉思。我觉得自己是个很有爱心的老师,关爱班里的每一个学生,特别是一些"问题学生",我对他们的付出比其他学生多得多。我对学生倾注了满满的爱,为什么小亮感受不到呢?于是,我跟小亮妈妈进行了电话沟通,了解到孩子来自单亲家庭,他在家里经常要求妈妈抱抱他……

我若有所悟。从小缺少父爱的孩子通常缺乏安全感,会比较敏感。对这样的学生,我尤其要注意自己的言谈举止,避免不经意间伤到他敏感、脆弱的心。

第二天,我发现小亮的眼皮是肿的,像是哭过。经过询问得知,他因为书写不认真,昨晚被妈妈揍了。

我突然想起了那句"老师不爱我了",于是就问他:"你觉得妈妈爱你吗?"

他点点头。"妈妈都打你了,你为什么还觉得妈妈爱你呢?"他不说话。

小亮就是这样,喜欢用点头或摇头来回答。我对小亮说:"每个妈妈都希望自己的孩子越来越优秀,所以,当你犯错误时,妈妈会及时纠正。就像一棵小树苗长歪了,需要有人扶一扶,从而让它长成一棵高大挺拔的参天大树。"

"同样的道理,我是咱们这个班的班主任,就像妈妈一样,咱班四十五个学生都是老师的孩子。无论哪个学生犯了错,我都会帮助他,就跟扶小树苗一样。老师爱班里的每一个学生,你也是其中一个。"小亮若有所思。

"老师爱你,才愿意经常跟你谈心。是不是老师跟你谈话的时候,哪句话说重了,伤你心了?"小亮不作声。

"如果是这样,老师向你道歉,以后会注意。不过,你也要让自己每天都有进步,好不好?"他点点头,脸上逐渐有了笑容。

"小亮,你这么懂事,老师非常喜欢你,我可以抱抱你这个懂事的孩子吗?"他点点头,主动伸出双臂拥抱了我。我本来以为他会象征性地做个拥抱的动作,没想到,他紧紧地抱着我。我感受得到,他就像一个孩子在拥抱妈妈一样。回教室的时候,他还特意回过头来看了我一眼,脸上带着甜甜的微笑。

晚上我接到了小亮妈妈的电话,她高兴地说:"王老师,小亮第一次主动写完了作业……"接下来的课堂上,我总能看到他端正的坐姿。

班主任要善于反思和研究,同样是调皮的、不守纪律的学生,导致问题出现的原因可能是多方面的,不能一概而论。只有真正了解学生并对症下药,才能触动学生的心,才能让教育真正有效。

我不要书签

一次,我到曲阜参加省里组织的培训活动。外出学习给学生带个礼物,是我的惯例。这次来到孔子的故乡,更不能错过。恰好看到学习培训的宾馆门口有卖书签的。这些书签非常精美,是用竹子做的,上面有孔子的头像和一些有教育意义的名言,如"学而时习之,不亦说乎""敏而好学,不耻下问",再配上不同颜色的流苏,精致又美观,还特别有意义。那一刻,我马上就想到,要给我们班的每个学生送一个。

精心准备礼物的时候,我的内心还是激动的。回到学校,见到了久违的学生,我很想念。有的学生直接扑了过来,抱着我说:"王老师,您可回来了。"那一刻,我觉得这礼物真是买对了。但当他们总结这三天表现的时候,我听到了一些不同的声音,尤其是关于小 G 的。有的学生说,小 G 几乎每节课都在画画,不好好听讲;有的学生说,小 G 在体育课上跟同学打闹,还说脏话。我本来想当天把书签发给所有的学生,但一瞬间,我改变了主意。我想与其每人一个发下去,倒不如利用这个小书签来激励一下他们。

我说:"老师给你们准备了小礼物。看!是这样的一个富有教育意义的小书签,这可是老师精心挑选的。是不是特别想得到呀?"这时,我看到了他们渴望的眼神。

"第一批书签老师要发给那些表现好的同学。来,大家推荐一下吧,有哪些同学可以得到老师的礼物呢?"他们陆续推荐了几位同学。我让被点到名字的同学站到讲台上,还没等把小礼物送给他们,就陆续有人告状,说这个同学在英语课上违反纪律了,那个同学在体育课上被老师批评了。一番总结下来,第一天得到书签的只有六位同学。

于是,我就把买到的所有书签摆到了讲桌上。让这六位同学上来挑选自己喜欢的书签。这时我听到下面的小 G 说:"我不要,我妈妈给我买了好多。"怎么听,这句话都有种酸溜溜的味道。本来我想以此激励大家好好表现,小 G 的话一出口,我环视全班,随即就看到了几个男生由渴望、羡慕的眼神变得无所谓了。本来学生的表现与我的预想差距就很大,小 G 的话一出,我更觉失望。

我已经教了小 G 一年半的时间了,在他身上费尽了心思。今天在这种场合下,他说出了这样的话,我还是很伤心的。我及时让自己的情绪稳定下来,没有理会他的那句话,说道:"同学们,明天老师会根据大家的表现发第二批小书签。"

第三天我又发了两次,只剩下五个学生尚未领取书签,他们都是在纪律方面管不住自己的,包括小 G。我把他们叫到了门外,进行了鼓励,我说:"老师手里还有几个书签,我特别希望你们能得到。你们要加油,反思一下自己在哪些地方还可以进步,只要你们有进步,老师就把书签送给你们。"我看到了这几位同学眼中的光。

发第四批书签的时候,我说:"同学们,今天老师要郑重地把最后的书签发给我们班进步最大的这几位同学。大家说他们在哪些方面取得了进步呀?"这时,在我的引导下,大家看到的不是他们的缺点了,而是优点,纷纷诉说着这几位同学进步的地方。我看到小 G 笑得像花儿一样。他拿到了书签,高兴地举了起来,说:"王老师,等我考上大学,一定会向您报喜的。我一定会把这个书签保存好的,您的书签比我妈妈买的有意义。"全班同学都将小 G 的欣喜若狂收入眼底。

过了一会儿,他竟然拿着书签走上来了,"王老师,我把这个书签再送给您吧。"我非常诧异:"为什么?"他说:"王老师,您看我们领完之后,您的桌子上只剩下一个书签了,而且这个书签的流苏还掉了。"是呢,我之前和他们说,除了给他们的,我也给自己准备了个书签。小 G 多么细心啊,他竟然发现了留在桌子上的是一个掉了流苏的书签。他想把那个好的送给我。那一瞬间,我既感动又惊喜。

我觉得时机成熟了,就问他:"你是不是很喜欢老师的这个礼物呢?"他说:"那当然啦!""那老师第一天发的时候,你怎么还说不想要呢?"他说:"王老师,我感觉您这个书签太有意义了,我舍不得要。"说完还调皮地朝我眨了眨眼睛。

这件事给了我很大的启发,那就是,作为班主任,我们不要对学生脱口而出的话斤斤计较,更不能将其与学生的品质挂钩。正如小 G,他并没有感觉老师的礼物不重要,相反,正因为他重视,极度想得到,所以才在得不到的时候说出了那样的一句气话。试想一下,如果在听到他说"我不要书签"时,我大发雷霆,会是怎样的情形呢?分发第一批书签的当晚,小 G 就写了一篇日记,但他在第五天自己拿到书签后,才把日记交给我,让我看。我们可以透过他的日记,一探他语言背后的真正的内心世界。

10 月 19 日　星期四　晴

今天,我们"失踪"了三天的班主任王老师终于回来啦!古有"一日不见,如隔三秋",那我三日不见王老师,就算是如隔九秋啦,嘻嘻……

开头说的"失踪",其实是王老师去曲阜学习了,她还带回了刻有孔子名言的小书签礼物,而且每个同学都有份!我也去过曲阜,也买过书签,但我觉得老师的更有意义,我更想要。

当王老师说要通过推荐来选择第一批获得书签的人时,我觉得自己没希望了,因为我这三天表现得不是很好。结果毫无悬念,我没有得到。

王老师说,没得到的同学还有机会,我一定要好好表现,争取获得!首先,我要改掉自身的小毛病,扬长避短。然后我要和同学好好相处,让大家信任我。最后,我还要好好学习,天天向上!

王老师带来的小书签,不仅仅是一个书签,还是王老师对我们的爱。让我们共同努力,不辜负老师的期望!

教育有延迟性,不要希望立竿见影;有反复性,不要期望一次奏效。给学生的成长多一点时间、多一些理解,对教育现象多一些研究,就会有很多意想不到的收获。

你会发现,那个说"老师不爱我了"的男生,其实是缺乏安全感,老师的一个拥抱就可以解决问题。跟体育老师犟嘴的男生,其实是不会正确表达他的想法,当别人误解他的时候,他只会一味地发脾气。还有那个经常打同桌的男生,其实是有点喜欢他的同桌,故意用打一下、踢一下的小动作来引起女生的注意。

班主任要有研究的心态、科学的思维,去探究问题背后的原因,然后想办法解决,这样既能保护学生的自尊心,又能提高自己的工作能力。

九　要善于因势利导

工作中,班主任会遇到一些屡禁不止的事情。这时不能一味地禁止,如果能运用智慧,顺应事情的发展趋势,巧妙地加以引导,就能达到事半功倍的效果。

弹笔现象

我班男生中最近出现了一种现象——弹笔,屡禁不止。他们会将好用的、不好用的笔,凑在一起弹,有时还会爆墨,弄得地上、桌子上甚至衣服上都是笔墨。怎么办?我找弹笔的学生谈心,和他们讲道理、谈危害,但没用。那就没收吧,结果,他们把好用的笔收起来,把没用的笔拿来弹,这样即使没收了也不心疼。后来,他们在我面前不弹,课间就趴在地上偷着弹。我问他们:"为啥要弹笔?"他们的回答就俩字:"好玩。"为此,我挺伤脑筋的,几个星期了也没想到好的解决办法。

晚上,我出去散步,走到一个施工处,看到一个四五十岁的男人敲了敲路边铁皮的围挡板,他老婆嫌弃地说道:"这么大人了,怎么跟我们班的小男生一样调皮！""好玩。"男人不以为然地笑了笑。

周末我和先生乘坐地铁，他的手中握着一个刚喝完的饮料瓶，时不时地捏出声音。"咚咚"的声音不断地在车厢里回响。我说："你干啥？"他说："怎么啦？"安静了一会儿，又听见他把手中的饮料瓶捏得吱嘎作响。我问："你为啥一直出声音？"答："好玩。"

"好玩。"不同年龄段的男性说出了同样的话。精力旺盛、天性好动，原来是不论年龄的啊！我不由得想起了我们班弹笔的男生，似乎有点理解他们了。怎么办呢？看来不能一味地堵了，得疏。

他们为什么那么愿意弹笔？要是有更为有趣的游戏，他们还会弹笔吗？我开始思考，怎么把这些精力旺盛的男生的注意力吸引过来。我想起了自己小时候玩过的游戏，于是，对他们说："老师小时候也玩游戏，不过我玩的游戏不会破坏学习用品，也不会弄脏教室。"

他们很好奇，问："老师，您都玩什么？"我随手拿了三块橡皮，两只手循环往空中抛，这可是我的拿手好戏。

"哇，王老师真厉害！"大家被吸引过来了。我说："我小时候抛的是自己做的毽子。感兴趣的可以回家向妈妈求助，请她帮忙做几个，然后带到教室玩。"

不过两三天的工夫，教室里就多了许多花花绿绿的毽子，课间可以在走廊踢着玩，也可以像我那样往空中扔着玩，他们兴趣盎然地玩了一段时间。

后来，我又领着他们在课间玩过成语接龙、对歇后语、飞花令等，分组进行比赛，自愿参加，效果也不错。他们玩得很兴奋，引来了其他班级的同学围观。慢慢地，很多同学喜欢上了这种新的文字游戏，一下课就凑在一起进行诗词或成语比拼，弹笔现象逐渐消失了。

网络语言事件

一天晚上，我接到了小雨妈妈的信息。她说班级有学生建了微信群，有一次她偶然在女儿的手机上看到了同学们的聊天内容，语言不文明，希望我能管一管。

第二天，我分别找了多个学生谈心，我没有直接点出这个问题，先从在家里的读书学习谈起，后聊到电子产品的使用情况。当我提到建群、语言文明这些问题时,他们倒也没有隐瞒,就说从网上学了几个词,说着玩的。大多数学生能意识到这样做不好。于是,我在班里明令禁止了这个事情,要求他们解散所有私自建的群,并将此作为班里的一项纪律,请同学们相互监督。

然后我在班级群里向家长发出了倡议,提了三点希望:第一,请家长控制孩子使用手机等电子产品的时间;第二,关注孩子上网浏览的内容,要健康、积极向上;第三,请家长监督孩子私下不要建群,不管是微信群、QQ 群还是钉钉群,一旦发现,一定要跟我说一声,已经建了群的,请群主马上解散。

几天后,我私下询问了几个学生和家长,私自建的群确实都解散了。这件事情就这样过去了,我也没再多想。

几个星期后的一个早晨,我突然发现,小恒妈妈在班级群里发了一段话,说班里有个孩子课间带头骂小恒,小恒在家哭了。时间是前一晚的深夜。

作为一位有着三十多年教龄的老班主任,多年来,我始终认真负责、细致工作,跟学生和家长相处得都很好。有时遇到问题,家长会单独联系我,最终圆满解决。像今天这样在班级群里收到这样的信息,我是第一次碰到。

第二天一早我就进行了调查。原来是几个男生从网上学了一些语言,便在课间相互说。小恒是本学期刚转来的,性格比较内向,不善于表达自己的想法。这些语言他觉得不文明,但又不知道如何反击,也不愿意跟我说,于是就憋在心里,回家也闷闷不乐。在妈妈的追问下,就说了这件事情。于是,他妈妈就在班级群里发了这样一段话。

这件事情引发了我的思考,有两点要反思:一是我低估了网络语言的影响。可能因为年龄的关系,我平时不太关注网络语言,没有想到它们会在学生中传播得如此广泛;二是对于那些不文明的语言所造成的危害,我没有给予足够的重视。比如前段时间家长反映的私下建群且语言低俗的事,我在班里强调了,也认为学生比较懂事,会照着要求做,就没有想办法从根上解决这个问题。我仅凭以往的经验去判断,却忽视了现在的学生几乎天天接触电子产品,网络语言、网络烂梗每时每刻都在身边,不是解散群就可以停止传播的。

我所采用的解决方式,靠的是老师和家长的强制。一路堵截这样事情的发生,表面上风平浪静,但并没有让学生真正意识到该做什么、不该做什么,没能从根本上解决问题。我得改变策略,变堵为疏,想办法真正触动学生的心,让他们认识到这些不文明用语的真正含义,从而自觉摒弃。

利用下午第三节课,我召开了班会,主题是"开诚布公谈上网"。首先,我说:"同学们,现在网络非常发达,网络语言也很多,老师年龄大了,跟不上时代的脚步了,为了不被落下,今天咱们来谈谈网络语言好吧?你们知道哪些网络的用语?"

这一下可热闹了,大家七嘴八舌,说了很多,有的还带着动作。"现在同学们当中比较流行的网络语言或者是动作有哪些?在这些语言和动作里你最不喜欢的有哪些?"有的说"不喜欢'老六'的语言",有的说"不喜欢电摇的动作",有的说"不喜欢竖中指的动作",等等。

我说:"见过或做过这些动作的,说过或听过这些语言的请举手。"没想到班里绝大部分学生都举起了手。

"感谢你们的诚实,大家谈一谈自己的感受吧。"学生纷纷谈了自己的看法,他们普遍认为竖中指的动作令人厌烦。

"竖中指的动作为什么令人讨厌?它是怎么来的?表达什么意思?电摇的动作有什么含义?这些你们都知道吗?"他们摇摇头。

"今天留两个作业:一是回去查一查'竖中指''电摇'分别代表什么意思,明天班会上进行交流。二是思考如何文明上网。"

第二天我们召开了第二次班会,主题是"如何文明上网"。

第一步:交流网络用语的含义。

我先请学生交流他们查阅到的不文明用语或者动作的意思,然后播放了关于"竖中指的来历"的视频。学生知道了"竖中指"和"电摇"的动作是非常不文明的,是对别人的嘲笑和侮辱。

最后我说:"同学们,如果你说了不文明用语或做了这些动作,不管是有心还是觉得好玩,都侮辱了别人,是对别人的不尊重。也让人看到了你的低水平和低素质,拉低了别人对你的评价。所以,我提出两点希望:一是要有辨别是非的能力,网络上有很多东西值得我们学习,但也有很多不值得学习的,大家要取其精华,去其糟粕。二是从现在开始,请大家摒弃这些不文明用语和动作。如果你以前无意中用这种方式伤害过同学,请你走到那位同学身边,真诚地道歉吧。"有几个调皮的男生不好意思地低下了头,偷偷地看着我,在我眼神的鼓励下,他们走到个别同学身边,深深地鞠了一躬。

第二步:写文明上网倡议书。

　　小组讨论:如何文明上网?每个学生至少提一条好的建议,然后形成班级的文明上网倡议书,贴在教室的宣传栏里。

　　班会后,我又召开了家长会,跟家长做了约定。第一,家长在家里也要文明上网,做孩子的榜样;第二,如果孩子在家里出现讲不文明用语、做不文明动作的现象,请及时、正确地引导和制止;第三,要控制孩子的上网时间,要了解孩子上网浏览的内容;第四,家长要放下手机,多陪伴孩子,多跟孩子进行亲子阅读、讲故事、做游戏,一起外出旅游,一起锻炼身体,打球、跳绳、跑步等,让孩子的课余生活丰富多彩起来。

　　最后,我和学生共同设计了"文明上网小标兵"和"文明上网模范家庭"的奖状。大家相互监督、推荐,期末我会颁发奖状。

　　后来,我们班再也没人说过不文明用语,也没人做过不文明动作。小恒的事情得到了圆满解决,小恒妈妈也反思了自己冲动之举的不妥,在群里表达了对我的感谢。

　　触动心灵的教育才是最好的教育。小学生模仿力强,他们在犯错的时候,并没有意识到问题的严重性,只是觉得有意思、好玩。遇到问题时,班主任若一味地强行制止,会让学生在老师看不见的地方继续。如果变堵为疏,引导学生自己去发现、感悟,学生会从心里接受老师的教育,从而自觉改正。

十 特别的爱给特别的你

(一)如何引导偶尔犯错的学生

巧克力不见了

　　学校体育节开幕式上,城彬妈妈给每个孩子准备了巧克力。下午放学前,我把巧克力发了下去。最后剩了五块,我顺手放在了讲桌上。因为有三个学生请假,我想等他们来了再给。

　　第二天早晨一进教室,我发现讲桌上只剩两块巧克力了。找了一圈也没找到。昨天放学时巧克力还在讲桌上,早晨一来就不见了?我把目光看向来得最早的学生。经过询问了解到,小J是第一个来的,但他连忙否认,说自己没看到巧克力。小J是个学习努力、成绩一直很优秀的男生,前段时间还当选了少先队大队长。看到他镇定自若的神情，我一时没了头绪。

我认为，一定是哪个嘴馋的学生拿走了三块。至于为什么留下两块，我猜想，是给请假的学生留的？他以为请假的是两个人，还是不敢全部拿走特意留下了两块？不得而知。本来这也不是什么大事，但想到最近几天，班里时不时地有学生丢笔，我觉得这个事得过问一下了。

于是，我问："有没有同学发现昨天剩了几块巧克力？"大部分学生一脸茫然，有的脱口喊道："五块。"因为发巧克力时我录了视频，还发到了班级群里。然后我说："现在只剩下两块了，有没有同学发现那三块去了哪里？"他们都说不知道。我故意说："那同学们关注一下，是不是我放错地方了，你们都看看，如果捡到的话就交上来，这是留给三个请假同学的。城彬妈妈的爱心，得让所有同学都感受到啊。但现在不够了，怎么办呢？"有的学生说："王老师，我去买一块，送给那个没有的同学吧。"我说："那不行，那不是城彬妈妈的心意啊。大家还是关注一下，帮我找一找，好不好？要是找到了，可以给我，也可以直接放到讲桌上。"

一整天，我都在观察，但没发现什么异常。

第三天早晨，小J又来得很早，他拿着一张纸条，上面写着"对不起"三个字，是用美术字写的，还有一块挤得皱皱巴巴的巧克力。小J告诉我，这是在楼梯上捡的。

下午，我分批跟班里许多学生进行了谈话，轮到小J和几个学生时，我问："你们觉得，写纸条的同学是怎么想的？"

小J说："他之所以这么写字，是因为他知道，您认得同学们的字，这样写您就认不出来了。"

"看来他是不想当面跟老师承认错误了。你觉得他后悔了吗？"

"他已经后悔了，知道错了。只是不好意思跟您说。"

"老师也这样认为。知错就改还是好学生。老师相信，这位同学以后再也不会做这样的事情了。"

事情到这里，我感觉教育效果已经达到了。班主任要做的是让学生从内心认识到自己的问题所在，并能改正错误，这对学生来说是一次由内而外的成长。这种发自内心想要变好的愿望是极其重要的。

在这件事情中，我觉得写纸条的同学认识到了自己的错误。看着这块已经被踩踏得不像样子的巧克力,以及那张花了不少时间写出来的"对不起",我感受到了那位同学内心的煎熬与挣扎。为了不让我认出笔迹,他(她)那么用心地进行了伪装。可见,这是一个非常聪明的学生。他(她)知道我天天批改作业,了解班里每个学生的写字风格。当碰到有本子不写名字时,我会根据里面的字体判断这是哪位同学的,百分百正确。这样一个聪明的学生,怎能不知道我对他(她)的良苦用心呢?

学生在成长过程中犯错是在所难免的,偶尔一次犯错,会让他们成长得更快。班主任要做的是引导,让学生真正认识到错误,并及时改正。在这一过程中,班主任要给学生留有脸面,保护学生的自尊心。

小明哭了

前几天,我领着学生做了一个游戏——逗笑木头人,并写了作文。不少学生的作文语言幽默风趣,生动地再现了游戏的场景。这节课讲评作文,在我们欣赏小萌的作文的时候,不知谁喊了一声"小明哭了"。原来,小明的作文得了优+3! 对于一直得优+5且每次作文是范文的他来说,这是一次打击吧? 看来,我还得关注学优生的抗打击能力。他最近两次的作文书写得有些潦草,质量也不如以前,或许是他有点骄傲了。怎么利用好这次机会呢? 在大家关注的目光下,我选择了"无视"。我想看看,他会如何对待这件事。

作文讲评过程中,他一直趴在座位上,一副无精打采的样子。开始修改作文了,我故意大声说:"同学们要好好修改哦,修改完,我要找同学读读作文,看哪位同学能从别人的作文中受到启发,让自己的作文更精彩。"我发现他抬起了头,用袖子擦了擦眼睛,然后认真地读自己的作文。我在全班巡视,一会儿看看这位同学,一会儿看看那位同学,装作很自然地巡视到他身边,他主动把作文递给我,向我请教哪里还需要改进。我给他提了几点建议,他虚心地接受了,就又开始认真地修改起来。

改完之后,他如愿上台朗读了自己的作文,笑容又回到了脸上。后来,我找他谈心,对他提出了希望和鼓励,那个文采飞扬的小明又回来了。在学校组织的演讲比赛中,他写稿、改稿,并脱稿演讲,最终获得全校第一名。在上级组织的作文大赛中,他的作文获得了一等奖。

挫折是成长的必修课。有些一直在某方面表现优秀的学生,时间一久,难免生出些骄傲心理，一旦不如别人就承受不了。班主任应抓住契机，让他们接受点挫折教育，再及时给予沟通和鼓励，相信他们会从失败中汲取经验，不断地完善自我，绽放出更加绚烂的光芒。

（二）如何对待"问题学生"

在教育教学过程中，我每年都会遇到一些令人头疼的学生。他们要么桀骜不驯，任凭我苦口婆心，依旧我行我素；要么不爱学习，作业能拖就拖，能不写就不写。他们来自不同的家庭，各有特点，但他们有一个共同的特点，那就是接受了过多的批评，内心缺少向上的动力。班主任在这些学生身上耗费了很多精力，但往往收效甚微。那么，如何对待这些"问题学生"呢？

1. 对"问题学生"多一些智慧

（1）了解情况，探究原因。

对于"问题学生"，班主任要从多方面进行了解，如兴趣爱好、学习基础、行为特点、家庭背景，还要研究导致学生行为问题的原因，从而对症下药。

（2）做好思想准备。

冰冻三尺非一日之寒。习惯不是一两天养成的，改变也不是一朝一夕能完成的。"问题学生"身上有很多问题，这些问题不可能一次性解决。所以，班主任要做好两项心理准备：一是做好打持久战的准备；二是做好反复抓、抓反复的准备。有了心理准备，自然就会降低要求，出现问题的时候，班主任就能心平气和、智慧应对。

（3）建立良好的关系。

好关系胜过好方法，好关系就是好教育。班主任首先要跟学生建立良好的关系，让学生明白，老师是来帮助他们的。学生的行为得到矫正，成绩得以提高，最终受益的是学生自己。明白了这个道理，学生就不会一味地跟老师作对。如果班主任再给予学生更多的关爱，让他们敬佩老师、喜欢老师，他们就会潜移默化地受到影响，逐渐有所改变。

班主任还要培养学生的规则意识，让学生明白遵守规则的重要性以及不遵守规则的后果。班主任可以和学生一起商量、定制专属学生自己的标准，让学生看到希望，实现"跳一跳，就能摘到桃子"。

（4）取得家长的支持。

想让"问题学生"有所变化，就离不开家长的支持和配合。班主任要通过自身的努力，取得家长的信任和支持，并且在家长对孩子无可奈何的时候，能给予家长指导和帮助。只有老师、学生、家长三方形成合力，教育才能取得更好的效果。

（5）制订计划，及时鼓励。

班主任应经常找学生谈心，和学生一起制订计划，定期总结进步和待改进的方面，定期征求各科老师的意见，定期与家长沟通、交流。班主任还可以用"达成一个小心愿"等学生喜欢的方式，吸引学生的注意力，帮助学生养成好习惯。每个人都需要被肯定，学生有了进步，班主任要大张旗鼓地表扬，让学生的进步得到巩固。

2. 对"问题学生"多一份坚持

一些"问题学生"看似快乐无比，实则面临着比学优生更多的挑战，有的学习跟不上，有的根本坐不住，有的天天挨批评。他们的坏习惯不是一天形成的，进步也会是缓慢的，班主任不要急于求成，要给予他们更多的关注，有足够的耐心并长期坚持。班主任可以对他们进行有计划的辅导，进行翔实的记录，然后及时反馈。这是一个细致的过程，但看到学生的进步，一切都是值得的。

表 3.1 学生成长进步记录

学生姓名：小豪 班级：三年级一班 辅导老师：王老师

学期初情况分析	小豪基础较差，尽管能及时完成作业，但空题很多，特别是阅读题，即使做完，也是错误连篇；缺乏自信，上课一般不举手发言，说话声音很小；不愿意出头露面，不愿意参加班级活动；不讲卫生，东西乱放；努力学习，很有礼貌，与同学相处融洽
	小豪父母比较重视孩子的学习，但因为孩子不自信，父母比较敏感，也很在意老师和其他学生对自己孩子的看法，怕孩子受欺负
第 1 阶段目标： 1. 做好个人卫生，整理好桌洞； 2. 认真听讲，发言声音响亮	

参与目标制定人员：班主任、小豪、小豪妈妈		
	时间	内容、采取措施、成效
教育过程	第1周	1. 小豪自我介绍时声音很小，几乎听不见 周二下午，我找小豪谈话，询问他的学习成绩和学习习惯方面的问题，发现小豪性格内向、胆怯，不善于交流，说话声音很小，得离他很近才能听到，于是，我总是鼓励他，提升他的自信心； 2. 经过观察，我发现小豪经常主动擦黑板、帮同桌记作业；他卫生不好，衣服穿一天就很脏，桌洞也很乱；书写不认真，错误很多； 3. 周五再次找小豪谈话，分析了他的优点：善良、团结同学、乐于助人。我让他继续保持，并指出他存在的问题，让他注意个人卫生、把桌洞整理干净、认真书写、提高作业的正确率； 4. 与家长电话沟通，谈论小豪存在的问题，一起制定本阶段目标：做好个人卫生，把桌洞整理干净，认真书写； 5. 确定措施：利用班级优化大师加减分，家长根据加减分情况及时与孩子沟通；每周得分超过四十分，就给予奖励（一个大拇指）
	第2周	针对他的情况，先帮他改掉卫生不好的坏习惯，做好个人卫生，保持桌洞干净整洁： 1. 让他担任检查桌洞卫生的小组长，从而督促自己整理好桌洞，因为只有自己做好了，才能检查别人； 2. 定好规矩：第一天、第二天忘记检查，我可以提醒，第三天还忘记，就扣分； 3. 第一天、第二天，小豪忘记检查桌洞卫生，得我提醒他；第三天，他又忘记了，我扣了他两分，第四天开始，没再忘记，他感觉很有成就感； 这个周的班级优化大师，小豪得了三十二分，没有得到大拇指
	第3周	本周重点帮助小豪改掉上课玩笔和尺子的坏习惯，继续巩固讲卫生的习惯： 1. 找小豪谈话，肯定他在卫生方面的进步，以及检查桌洞卫生时的认真负责，提出这个周要改进的重点为改掉上课玩笔和尺子的坏习惯； 2. 约定：如果上课玩笔和尺子，第一天，我会提醒两次（眼神提醒一次，语言提醒一次），如果出现第三次，会没收笔和尺子；第二天提醒一次，第三天我不会提醒了；哪天做到不需要我提醒，我便在班级优化大师上给他加两分；

	时间	内容、采取措施、成效
教育过程	第3周	3. 课堂上,我时刻关注他的表现,经常点名提问,发现他听讲比之前专注很多,笔放在笔槽里,尺子放在笔袋里。课堂上能积极发言,虽然准确率不高、声音不大(需要我走到他的身边,弯下腰认真听,再传达给同学们)、语言也不连贯,但他上课时不再玩笔和尺子了,能积极思考问题了,这就是很大的进步; 4. 这个周他表现得非常出色,得了四十二分,其中"认真倾听"得了二十分,还得到一个大拇指,他乐开了花,自信心倍增
	第4周	这个周重点帮助小豪对自己充满自信,发言时声音要响亮: 1. 找小豪谈话,肯定他的进步,与他共同确定这个周的目标为发言时声音响亮; 2. 注意倾听别人的发言,看看其他同学是不是都声音响亮,从而认识到自己的不足,认真改正; 3. 约定:先从大声读课文开始,认真预习课文,反复朗读,课文读熟了,信心就足了,朗读的声音也就大了;课堂上大胆举手,读课文给同学听;上课发言的声音要让全班同学听得见。做到了,就在班级优化大师上奖励五分; 4. 与家长沟通,共同督促他认真预习课文,大声读给家长听; 5. 课堂上让小豪发言,并问全班同学:"小豪的话你们听到了吗?"如果没听到,让小豪重说一遍;如果哪天他声音大了一些,我及时给予表扬:"同学们,小豪进步大不大呀?"并报以热烈的掌声。 一周下来,小豪的声音比以前响亮了许多,有所进步,但还是听不清的时候多

第2阶段目标:
1. 认真书写;
2. 继续大声读课文,声音响亮地发言

参与目标制定人员:班主任、任课老师、小豪、小豪妈妈

	时间	内容、采取措施、成效
教育过程	第5周	这个周重点帮助小豪改掉书写不认真的坏习惯: 1. 找小豪谈话,肯定他的进步,与他共同确定这个周的目标为认真书写,并约定每得到一颗书写星就在班级优化大师上加两分; 2. 让他欣赏班里的优秀作业,如振昱、振凯、李桐、文畅的作业,让他有所比较,认识到自己在书写方面的不足,从而认真改正; 3. 与家长沟通,共同督促他认真书写,小豪妈妈非常支持; 4. 一周下来,小豪的书写在学校认真了很多,但家庭作业进步不明显,与家长沟通后,了解到小豪放学后直接到托管班写作业,对于作业,家长基本是不管的;

	第5周	5. 又跟家长沟通,明确检查作业须注意两点:一要检查孩子是否完成作业,不能空题;二要关注孩子作业的书写,一定要认真
教育过程	第7周至第8周	要求学生将课文朗读的录音发到班级群里,大家录了五课了,小豪一直没有发录音,于是,我鼓励他读好后发到班级群里。 1. 找小豪谈话,约定周末把《第八次》的课文读好,然后把录音发到班级群里; 2. 与小豪妈妈约定,孩子读好后一定把录音发到班级群里;小豪第一次将自己的课文朗读录音发到了班级群里,我在群里表扬了他,课堂上同学们也给予他热烈的掌声; 我发现孩子跳绳速度快,便以此为契机,在班里进一步鼓励,为其树立信心。 1. 课间操关注小豪的跳绳情况,看他一分钟能跳多少个; 2. 小豪一分钟跳了一百六十九个,在男生中领先,同学们使劲为他鼓掌,小豪脸上的笑容越来越多了; 展示课上,我讲《卧薪尝胆》,有好多老师听课,小豪不仅朗读课文,还积极举手发言,声音大多了,全班同学都能听见了,小豪的进步非常大

第3阶段目标:
1. 继续关注学生自信心的培养;
2. 继续关注学生良好习惯的培养,认真写字,争取全对

参与目标制定人员:班主任、任课老师、同桌、小豪、小豪妈妈

	时间	内容、采取措施、成效
教育过程	第9周至第10周	1. 周一中午我找小豪谈话,总结两个月来他的表现,表扬其优点:讲卫生了,桌洞干净整洁了,成了我的得力小助手;然后指出其存在的问题:听写时错字太多,朗读课文时声音不够大,还不流畅; 2. 安排同桌帮助小豪,并一起制定本阶段目标;同桌非常负责,课堂上小豪没记明白的地方,她利用课间及时给他讲解; 3. 利用课余时间辅导小豪,重点听写生字词,检查课文背诵,按课文内容填空; 4. 经过家长和老师的辅导,小豪进步很大; 5. 学校要开运动会,我鼓励小豪报名,参加一分钟跳绳比赛,课间操小豪练得非常起劲,小豪妈妈说他每天回家都练习跳绳; 6. 校运动会上,小豪的一分钟跳绳获得了三年级级部第一名,得到一块金牌,小豪笑得很灿烂

教育过程	第 11 周至第 13 周	小豪不会写作文,第一次写作文时,他无从下笔,两节课的时间好不容易写了几行字;语言不流畅,写了划、划了写,卷面很乱。这几周,我重点指导他写作,提高他的写作水平。 1. 讲第五单元作文时,课堂上关注小豪的表现,让他跟着我的提示及时回答问题,拓宽他的思路,他听得很认真,回答问题也很积极,这次作文,他写了将近一页。修改作文时,他用了一节课的时间只改了一点点,我利用课余时间引导他一句一句地修改,终于修改完; 2. 学完《石榴》,我要求学生模仿课文最后一段,写一种自己喜欢的水果,我们写的是《橘子》。课堂上,我要求每个学生带一个橘子来,小豪带了四个,说是有同学忘带了的话,可以给同学用。还真有同学忘带了,小豪非常高兴地把最大的橘子送给了那个同学。小豪的笑容是那么灿烂,他再也不是那个唯唯诺诺、不自信的小男生了,真为他高兴

第 4 阶段目标:
1. 继续关注学生自信心的培养;
2. 认真复习,落实基础知识,关注阅读能力

参与目标制定人员:班主任、任课老师、小豪、小豪妈妈

	时间	内容、采取措施、成效
教育过程	第 14 周至第 16 周	1. 找小豪谈话,总结他在第三阶段的表现,表扬他的进步,如写作水平有一定幅度的提高、书写越来越认真;提出新的要求,如提高课堂听讲效率、认真听讲、扎扎实实地学会每一个知识点; 2. 与家长沟通,了解他在家的学习情况,家长反映孩子在家学习的主动性有了一定的提高; 3. 关注小豪的听讲情况,及时督促他认真听讲,多提问,检查他对知识的掌握情况; 4. 经过检查发现小豪个别课文背诵不过关,安排同桌利用课间检查,直到他过关为止; 5. 第八单元生字词听写,小豪错了很多,于是找他谈话,叮嘱他周末认真写; 6. 与小豪妈妈交流,让她多监督孩子,要特别关注周末作业,因为认真写作业能够得到老师的表扬,对增强孩子的自信心大有裨益; 7. 第七单元的作文小豪当堂完成,书写比以前认真多了,而且写了四百多字,我在班里表扬了他,班级优化大师加了五分,小豪露出了甜甜的笑容

教育过程	第17周至第20周	1. 班级要开展亲子朗读活动,我鼓励小豪参加,同时跟小豪妈妈沟通,让她支持、鼓励孩子,陪孩子一起走上讲台,进行亲子朗读; 2. 小豪在朗读会上背诵了一首古诗,我特意给他做了课件,他声音响亮、大大方方,赢得了家长和同学热烈的掌声; 3. 进入复习阶段,针对考试题型和小豪自身存在的问题,对他进行有针对性的辅导; 4. 同桌检查他的课文背诵,背过加"课文过关"分两分,同桌加"帮助他人"分三分;我单独给他讲解错题,让他认真准确地改错,将不明白的题标记出来,可以问我,或请同桌给他讲解,再次检测他做错的题,并单独给他讲解错题
	学期末情况总结	经过一学期的努力,小豪各方面的习惯都有了一定的进步:卫生习惯好了,衣服干净了,东西整理得整整齐齐;上课很少摆弄笔和尺子了,听讲越来越认真,发言更加积极了,声音虽小,但比以前响亮了;发言时语言不够流畅,需要给他足够时间让他组织好语言; 学习方面:作文有进步了,对生字词的掌握比以前扎实了,但有反复,今天听写对了,过两天又错了,书写也认真一些了,但时好时坏,需要不断提醒; 最显著的进步是小豪有自信了,特别是运动会以后,他的笑容明显增多。元旦的亲子朗读,他勇敢地站在讲台上,面对全班学生和家长,大声地背诵古诗

共同见证的进步

一、学生情况分析

四个学生,缺乏内驱力,自制力差,学习拖拉,书写不认真,基础比较薄弱,基本的听写、背诵都有难度,语文分数一直很低。但他们品行很好,很喜欢老师、很热爱班集体,和同学相处也很融洽。

小A情绪化比较重,在家属于被宠溺的一类;说话做事比较随意,课堂上不专注,小动作不断,爱打扰别人;爱偷懒,作业书写时好时坏,全凭心情;家长不太重视孩子的习惯培养,时松时紧,亲子关系比较好,家长愿意配合老师的工作。

小B来自单亲家庭,经常不做作业,书写潦草,甚至经常多写或少写一些笔画;比较聪明,记忆力好,特别爱读书,率真感恩,很喜欢被赏识,很喜欢展示自己。

小 C 是本学期从外地转来的,由于学的教材不一样,基础相对薄弱;性格内向,上课容易走神,语文学习比较吃力,听写大片错误,朗读课文容易出错,背诵课文很慢。

小 D 是留守儿童,父母常年在国外打工;比较聪明,大多时候作业做不全;教育有难度。

二、目标制定参与人

家长、老师、学生三方多次沟通,共同制定。

三、具体措施

1. 老师准确诊断学生语文学习的问题,找准找细,对症下药。

2. 老师全程关注这四个学生的语文学习,包括作业、课堂听讲、书写等。

3. 老师多用攻心战术,让他们感受到老师的爱、智慧和原则,让他们喜欢老师,爱上语文。

4. 想方设法帮他们找到语文学习的支点,给他们制造锻炼、展示和收获成功的机会。

5. 师徒结对子,同学互帮互助,分享成长的快乐。

6. 培养他们的自控力、意志力以及语文学习能力。

四、教育过程

第 1 阶段(第 1 周至第 3 周):仔细观察,全面了解

作为班主任,我对这四个学生进行了为期两个周的全天候、全方位观察,包括各科课堂、课间、同学交流、作业等,对他们的学习积极性、存在的问题以及原因进行了分析。经常不露痕迹地和他们谈话,拉近和他们之间的距离,让他们在我面前畅所欲言,了解他们的思想动态、在家里的活动、作业完不成的原因、学习感兴趣的和不感兴趣的方面、喜欢什么样的老师,以及自己的愿望等。经过"望闻切问",我对他们语文学习的兴趣、习惯、家庭情况和意愿有了初步的了解:

1. 由于长时间的懈怠,听讲不认真的习惯难以改正。

2. 课堂不能集中注意力,经常分神,跟学习脱节,别人的思考与"我"无关。

3. 在语文学习中很难收获成功的喜悦,学习缺少动力。

4. 写作业拖拉不认真,批评多、指导少、鼓励少。

5. 不爱读书,写作有困难。

6. 家庭教育跟不上,家长需要经常提醒和指导。

针对以上的问题,我确立了本学期这四个学生的努力目标:

1. 让这几个学生喜欢语文老师,爱上语文,爱上读书。

2. 对他们耐心细致、持之以恒、常抓不懈,让他们养成认真听讲的习惯。

3. 培养他们语文课上快速行动、静心学习的习惯。

4. 让他们养成主动写语文作业的习惯。

5. 按时和家长沟通,开展家校合作,有效地教育孩子。

第 2 阶段(第 4 周至第 6 周):教给方法,培养习惯

1. 培养主动写作业的习惯:每天全面批改他们的作业,每次面对面地交流问题,传授方法。例如,针对书写的指导:"你的作业笔画要饱满,字要正,这样就说明你的心静下来了。"如果谁的作业写了一半,那必须把缺少的部分补上。补上后我再鼓励一句:"看!作业写完了,不仅学习有进步,还没有后顾之忧,多划算。"

2. 培养专心听讲的习惯:告诉学生"眼睛看着老师,老师也会关注你""动脑思考,积极发言,同学会对你刮目相看""老师喜欢你多提问,有了自己的想法,下课也可以跟老师交流"等。

这两周,进步最大的是小 A 和小 B,每当我轻声细语点拨指导,他们就会点点头,眨着眼睛,眼里满是感动,说:"谢谢老师!"看着他们取得的点滴进步,听着一声声的"谢谢老师",我的心里和他们一样暖暖的。语文课上,小 C 像换了个人似的,勇敢地举起了手,有一次把全班第一名都比下去了。全班同学都为她鼓掌,她的小脸涨得通红。

因为密切关注他们,我们之间有了默契。上课的时候,他们一走神,我稍停目视,他们立刻感觉到了,流露出不好意思的神情。

第 3 阶段(第 7 周至第 8 周):关注反复,及时谈话

这两个周,小 A 和小 C 的书写退步了,我找他们谈话。原来,他们回家没人管,加上听写有很多错,还要纠错。他们本来写作业就比较吃力,如此一来需要更多时间了,心里烦躁,字迹就潦草了。了解情况后,我与他们的父母沟通,请他们关注孩子的作业,不要让孩子空题。我利用课间找他们一起改错,力争

在学校解决错题。他们的负担减轻了,作业认真了不少。

第7周,本学期第一次家长会上,我单独跟这几个学生的家长交流。几位家长参与孩子的课堂,了解了他们的在学校表现;放学后又进行了交谈,分析了每个孩子的情况;我跟家长交流了我在孩子语文学习中所做的努力,又询问了孩子的家庭教育情况,解答了家长的困惑,给家长支招。家长被我的爱心、诚心、耐心打动,效果不错。

第4阶段(第9周至第11周):创造机会,给予鼓励

这几个学生太缺少成功的喜悦了,怎么办?为了让他们有机会感受自我的价值,我时时处处为他们创造展示自我、享受成功的机会。一是每篇课文的预习,每次班级学生"开火车"读完生字词后,我都让这几个学生轮流当小老师领读,在日复一日的领读中,他们发言的声音大了,也自信了。二是设立课堂、作业以及学业水平进步奖,只要有进步,就可以得到一张心愿卡,十张心愿卡换一张喜报。三是降低他们成功的门槛,让全班同学感受到他们在努力、有进步。他们取得进步时,我会毫不吝啬地给予表扬,在表扬和鼓励声中指导他们如何做得更好。

小D本学期积极回答问题,而且准确率越来越高。每次回答正确,我都引导其他学生发自内心地为他喝彩,我也会恰到好处地鼓励他。学生是渴望成功、渴望被认可的。老师经常表扬,他就更有劲了。

小A最近特别爱写作文,源于我对她的鼓励。尽管她的作文不长,但我总是千方百计地从她的作文里找到一些优美的句子,在班上朗读。我知道她写《身边的小感动》时参考了资料,但她书写进步不少,我还是单独找到她表扬了一番。她好几天都沉浸在快乐里。

第5阶段(第12周至第17周):给予帮助,保持动力

进入复习阶段,学习任务重、作业多,他们容易畏难、烦躁。我不给他们加压,遇到困难我就帮一帮,作业有进步就奖励心愿卡。一张张心愿卡,一张张大喜报,他们的心也红起来了。我的指导和鼓励让他们保持住了前进的动力。

五、效果分析

经过一学期坚持不懈的努力,这四个学生进步了,他们爱上了语文,不为作文而发愁了,作业也基本能主动完成。

这些学生的进步是缓慢的,语文学习状态和习惯常有反复。但只要我有耐

心、能坚持，家长也坚持，他们就会一直进步。

十一 ○ 温暖人心的故事

学生给我发奖状

合唱比赛终于落下了帷幕，经过激烈的比赛，我们班获得了第一名的好成绩。从音乐的选择到伴奏的剪辑、视频的合成以及孩子们每天的刻苦练习，两个多星期的准备后，我们终于取得了很好的结果。学生非常高兴。

第二天早读，小雨和小欣悄悄地走上讲台，神秘地说，她们昨晚给我做了个礼物，问我可不可以等全班同学都来了当众送给我。看到她们灿烂的笑容，我微笑着点了点头。看到同学到齐了，她们走上讲台，郑重地拿出一张纸，说道："同学们，我们要给王老师发个奖状。"说着就把奖状递给了我。我一看，上面用彩笔写了"奖状"两个字，下面有一行歪歪扭扭的字，写着："王老师，感谢您带领我们获得合唱比赛第一名。"落款是"三年级二十三班小雨、小欣"。

我说："王老师还是第一次得到同学们颁发的奖状呢，太激动了！能不能说一说，为什么给我发奖状啊？"

小雨说："王老师，您昨天总结我们获奖原因时，提到了爸爸妈妈帮着找伴奏，音乐老师帮着训练，同学们认真练习，唯独没有说您自己。每次训练您都在场，还利用语文课给我们排练。"

小欣补充说："我听妈妈说，您晚上很晚了还在和家长商量音乐的事。我觉得，您是最辛苦的。"

多么懂事啊！这张奖状我一直保留着，因为这是我收到的学生为我制作并颁发的第一个奖状。

我不由得想起了 2017 年的那个"六一"儿童节。那年我教的是六年级，那是他们小学阶段的最后一个儿童节，他们自己排练和组织。往年有一个抽奖环节，我会提前为他们准备礼物。那年，他们安排了一个环节——让我开盲盒。我打开一看，是一些折成心形的彩色纸团。我小心翼翼地展开一个个彩色纸团，每个团子里都有一句暖心的话。

"王老师，您有一双能看透我内心想法的眼睛，总能及时捕捉到我的不快，并帮我解决。"这是敏感又寡语的小丽写的。

　　"王老师，每次我不舒服，您都会用自己温暖的大手拉着我的小手，把我交到妈妈手中。"这是高高的小玉写的。

　　"我有心里话不愿意跟妈妈说，只愿意跟您说。王老师，毕业后我还能像以前一样跟您分享秘密吗？"……读着这些话，往事一幕幕浮现在眼前，我的眼睛湿润了。

　　爱是相互的。班主任走进学生的内心世界，不仅能读懂学生、理解学生，也能让学生理解老师、懂得感恩。他们会用自己的方式来表达对老师的爱。

第四章

语文课堂上的育人故事

一 ○ **爱国篇**

从狼牙山到国旗下的庄严
—— 一堂无声的爱国课

一个星期一,因为下雨,改为室内升旗。随着广播声响起,大多数学生都在肃立敬礼,大声地唱着国歌。但我也看到了一些不和谐的画面:小先和小洲在窃窃私语;小元坐在椅子上不起来;小彧可能想起了高兴的事,在偷偷地笑。

升国旗的时候不严肃,这不是第一次了。有时全校到升旗台前举行隆重的升旗仪式,会有几个学生在队伍里偷偷说话。尽管看到老师提醒的眼神后他们会有所收敛,但下一次还是会出现类似的问题。怎么让学生认识到升国旗的严肃性呢?

第一节是语文课,按照计划应该学习《狼牙山五壮士》了。每次阅读这篇课文,五位壮士的英勇气概都令我动容。他们把子弹打光了,就用石头砸,面对步步紧逼的敌人,他们毫不畏惧。班长马宝玉斩钉截铁地带领战友相继跳下悬崖,那一声声"打倒日本帝国主义!""中国共产党万岁!"气壮山河,在山谷间久久回荡。

学生被五位壮士的精神感动着。为加深理解,我组织小组讨论:"狼牙山五壮士明知跳崖意味着牺牲,为何还如此毫不犹豫?"小洲率先发言:"我认为他们是为了老百姓。课文里写他们为了掩护群众和部队转移才把敌人引到狼牙山的,要是他们不这么做,身后的乡亲们可就遭殃了。"

小元站起来说:"我觉得他们是为了维护祖国的尊严!五壮士用自己的行动告诉敌人,中国人是有骨气的,绝不屈服!"

我总结道:"同学们说得太好了!狼牙山五壮士是热爱祖国的,像这样为祖国抛头颅洒热血的人还有很多。你们经常说,我们现在的幸福生活是革命先烈用鲜血和生命换来的,一点不错。那作为小学生,你们应该怎样珍惜现在的幸福生活,用实际行动热爱祖国呢?"学生陷入了沉思。

我接着说:"热爱祖国有许多表现,我们先从尊重国旗开始吧。国旗、国徽、国歌是祖国的象征。奥运会赛场上,运动员获得冠军后,要升起冠军国家的国旗,那是为国争光。当国旗升起的时候,全体运动员和所有观众都会脱帽、肃立,有些人会激动得热泪盈眶。记住,升国旗的时候,无论你在哪里,都要脱帽、肃立、恭恭敬敬。"

接着,我播放了提前准备好的课件,分享了一些平凡人的爱国故事。边疆战士在冰天雪地中几十年如一日地坚守哨所,只为国旗能在国土边界高高飘扬;海外留学生在异国他乡遇到危险时,因手持国旗获得同胞援助与外国人的尊重;马路上有一面掉落的小国旗,交警边指挥车辆边跑过去捡起来,轻轻地擦拭……

"同学们,祖国在每个捍卫祖国、建设祖国的人的心中。我们虽然是小学生,但日常小事也能彰显爱国情怀,升旗仪式就是最直接的展现。你们的认真参与,是对国旗最大的敬意。"

从那以后,我们班再也没有出现升旗仪式上学生不严肃的现象了。

二 诚信篇

诚信的种子
——从《我不能失信》到生活的承诺

课文《我不能失信》讲的是宋庆龄小时候的故事。一天早晨,宋庆龄全家准备到爸爸的一个朋友家去。临出门，小庆龄想起要在当天教朋友小珍叠花篮，虽然爸爸和妈妈都劝她改天再教，可是小庆龄还是决定留下来履行自己的诺言。最后，尽管小珍没有来，但是小庆龄说她不后悔，因为她做到了诚实守信。

课文最后，小庆龄说："一个人在家是很没劲，可是我并不后悔，因为我没有失信。"这句话的字面意思不难理解，但怎样才能真正触动学生的心，让学生深刻体会到小庆龄的优秀品质，并在与同学相处的过程中学以致用呢？首先，我让学生联系生活实际，交流自己对这句话的理解。然后我问："如果你就是小庆龄，遇到这种情况，你会怎么想？"学生纷纷发言。小宛说："我会为没有到伯伯家而后悔，因为如果我去了，就能得到一只漂亮、可爱的鸽子。"小诚说："我会抱怨小珍为啥不来，为啥失信。"小贤说："我会跟小珍约好，让她一定要来，让她别失信哦。"还有学生说："可以跟小珍确定好具体的时间，这样就不至于在家里空等一个上午了。"我说："看来，同学们都有自己的看法。会感到后悔的，请举手。"很多学生举起了手。

课文中提到，小庆龄非常期盼能到伯伯家去，因为可以见到漂亮、可爱的鸽子，伯伯还准备送她一只作为礼物。但是为了遵守和小珍的约定，小庆龄选择独自一人留在家里等候。没有家人的陪伴，也不能和可爱的鸽子玩耍，她连自己最熟的曲子都没有心思弹，经常弹错。直到家里人吃过午饭回来，小珍也没有来。在这种情况下，学生为小庆龄感到后悔和不值是可以理解的。

那么，怎么引导学生才能让他们真切体会到小庆龄诚实守信的美好品德呢？我适当补充了宋庆龄的资料，让学生对宋庆龄有了崇敬之情。然后我将话题引回课文，问他们："同样是小学生，小庆龄对于小珍失约这件事情，丝毫没有生气。可见，她是心甘情愿等小珍的，不管小珍能否按时赴约，小庆龄都不后悔，因为她觉得自己诚实守信是应该的，是对的。从小珍和小庆龄身上，你能受到哪些启发？再反思我们自己，你觉得你可以做出哪些改变呢？"

这时大家陷入了沉思，很快就有学生发言了。小美说："假如我是小珍，如果我不能按时去，我会想办法通知小庆龄的，不让她白白等待。"小江说："要是我是小珍，我会以后跟小庆龄道歉并解释的。"

我特意关注了班里最容易起矛盾的小宛和小诚，他俩若有所思。这时小诚举起手，说："以后小宛说话不算话的时候，我再也不生气了。我会问问她是不是有别的原因。以后，我要心胸宽广一点，不要为一点小事斤斤计较。"

小宛说："我以后要做一个讲诚信的人，不再跟小诚闹矛盾了，如果他做错了，我也不去跟他计较啦。"

我向他俩竖起了大拇指："你们不但读懂了小庆龄的信守承诺，还体会到了她的宽容之心，并且要向她学习，真了不起！老师为你们点赞！那接下来就看你们的行动了！"

下课后，小诚主动走到我身边，高兴地说："王老师，我会试着和小宛做朋友的。"

我知道，这节课的学习，不仅在学生心中种下了诚信的种子，也让学生学会了换位思考，懂得了宽容。

放掉的鱼与守住的诚信
——规则中的选择与坚守

《"你必须把这条鱼放掉！"》讲的是汤姆钓到了一条大鲈鱼，非常高兴，但因为还没到钓鲈鱼的时间，爸爸让他把大鲈鱼放回湖中，经过一番思想斗争，汤姆听了爸爸的话，把大鲈鱼放回湖中的故事。这个故事教育学生要严格自律，自觉遵守社会公德和社会规定。

课文层次分明，叙事清楚，对人物心理活动的描写细腻传神。上课时，我抓住汤姆心情的变化引导学生进行学习。例如，汤姆在钓到大鲈鱼时是"惊喜万分"的；当爸爸要求他把鱼放掉时，他是"很不情愿"的；他"慢吞吞"地从鱼唇上取下鱼钩，此刻的他是"万般无奈"的；看着大鲈鱼游向湖心，汤姆"叹了口气"，他的心中是"不无遗憾"的……这些，学生体会得比较到位。

课堂教学一步步进行得很顺利，我觉得学生对课文理解得不错，对汤姆心理活动也体会得很真切。"不管有没有人看见，我们都应该遵守规定。"这句话应该触动了学生的心，成为学生行为的准则。因为学生一致认为，尽管汤姆百般无奈、万般遗憾，但放掉鲈鱼的做法是正确的。

这节课临近尾声的时候，我问了一个问题："假如你是汤姆，你会放掉这条大鲈鱼吗？"我以为学生会异口同声地说："会！"但没想到，有学生低声地说："不会。"我一愣，其他学生也很诧异。大家的目光一下子汇集到了这个说"不会"的学生身上。他的脸红红的，很不好意思。我首先肯定了他的诚实，然后问道："为什么？你心里是怎样想的？"他慢慢地站了起来，说："我也不知道为什么，就觉得舍不得。"不少学生哄堂大笑。他的脸更红了。我又问："大家怎么想？"学生七嘴八舌地说开了。

很多学生赞成汤姆的做法，但也有不同的声音。令我惊讶的是，有的学生竟然说："可以把鲈鱼挂在鱼钩上放到水里，等时间到了再拉上岸。"此话一出，立刻得到了许多人的赞同。他们纷纷认为这是个两全其美的好办法，既不违反规定，又可以保住大鲈鱼。看来，不想放走鲈鱼的何止一人！

学生的话出乎我的意料，这个场面令我措手不及。我一时没有想出该如何说服他们。沉思片刻后，我引导学生思考几个问题："如果这样做，虽然表面上没有违反规定，但内心真的遵守了规则吗？""如果每个人都这样做，规则还有意义吗？"教室里静悄悄的。

我说："诚信不仅仅是外在的行为，更是内心的选择。即使没有人看到，也应该遵守规则，因为这是对自己内心的尊重。规则是为了保护公平和秩序，如果每个人都钻空子，规则就会失去作用，最终损害的是所有人的利益。你觉得，得到一条大鲈鱼重要，还是成为一个值得信赖的人重要呢？"

我又给学生补充资料，讲了美国的钓鱼规定以及人们自觉遵守规定的做法。他们静静地听着，似有所悟。

我说："课文题目《'你必须把这条鱼放掉！'》是父亲的一句话。其中的'必须'说明不管汤姆愿不愿意，他都没有别的选择。那父亲为什么坚持让儿子放掉鱼呢？因为诚信是一种长久的品质，它带来的信任和尊重远比一时的利益更有价值。父亲的行为正是对规则和诚信的坚守，这种坚守比一条鱼更有意义。"

这时，有学生想起了四年级学过的《诚实与信任》。于是，我趁热打铁，让学生回顾这个故事：作者驱车回家时，因为夜深天黑，不小心撞碎了停靠在路边的一辆小红车的反光镜，在没人看见的情况下，作者主动留下了字条，写上自己的姓名和电话，后来双方通过电话联系圆满地解决了问题。这个故事也体现了诚实和信任比金钱更重要的人间真情。

故事讲完了，教室里静极了。我知道，他们听懂了……

三　感恩篇

《第一次抱母亲》
——感受爱的重量

《第一次抱母亲》是一篇感人至深的文章,讲述了母亲生病住院,作者在护士换床单时抱起母亲,结果因用力过猛差点摔倒,这才发现原来母亲体重很轻,作者由此想起母亲曾以瘦弱身躯承担家庭重担的往事,进而心生愧疚。最后,作者像小时候母亲抱他一样抱着母亲入睡,母亲眼角流出了泪水。

这篇文章细腻地写出了作者的愧疚之情,他一直以为的力大无穷的母亲,哪怕在最重的时候也只有八十九斤。读完这篇文章,我不由得想到自己的母亲。最后作者抱着母亲入睡的温馨画面,尤其打动我。也许是我的感情感染了学生,他们学得很动情。

课临近尾声时,我补充了一首赞美母爱的诗歌,并让学生写写他们心中的母爱。我发现,他们写得太好了,他们写道:"母爱是下雨时给我遮挡风雨的伞。""母爱是我生病时关切的话语。""母爱是我失败时鼓励的眼神。"……

当天晚上,我布置了两个作业:一是注意观察妈妈在忙些什么,回顾妈妈所做的所有爱你的事件中,让你印象最深刻的一件;二是把课文《第一次抱母亲》和自己写的《心中的母爱》有感情地读给爸爸妈妈听,然后让爸爸妈妈讲讲他们小时候的故事,并记下真实感受。

第二天,学生的作文看得我热泪盈眶。

其中,君豪写道:"听妈妈说,我生下来就体弱多病,在医院待了好多天,害得妈妈连月子都没做……有一次生病打针,护士找不到血管,半个多小时都打不上,我的脑袋就像蜂窝一样,妈妈心疼得直掉泪……"

小艺妈妈给我打来了电话,她说听孩子读完课文后,当晚就给自己的母亲打了电话……

文蕊妈妈更是发来了长长的感想,其中有几句是这样写的:"听着孩子动情的朗读声,我不禁感慨万千:我们做子女的,总从父母那里无尽地索取,把父母对我们的呵护当成理所应当,却从来没有好好地关心一下自己的父母,真的很惭愧。从今往后,我一定要常回家看看,为父母做饭、洗衣服,跟他们说说话……"

我说："读了作文，王老师觉得你们知道了父母的不易，感受到了他们深深的爱。你们都是懂得感恩的孩子。那在家里应该怎么做呢？"学生纷纷发言。

"我再也不嫌妈妈做的饭不好吃了。"

"我再也不跟妈妈发脾气了。"

"我再也不跟妹妹打架，惹妈妈生气了。"

"我要收拾自己的房间和书桌，内衣、袜子自己洗，做力所能及的家务活。"

"我的作业书写不认真，妈妈经常给我撕掉，我还生气，故意不好好写。以后我要一笔一画认真写字。"

"那就从现在开始，用行动证明你们对妈妈的爱吧。"

《最后的姿势》，永恒的爱
——感恩老师的无私与坚守

《最后的姿势》讲述了 2008 年 5 月 12 日汶川地震发生时，谭千秋老师在教学楼即将坍塌的瞬间，用自己的身体护住了四名学生。2008 年 5 月 13 日 22：12，人们从废墟中发现谭老师双臂张开趴在课桌上，只见他后脑深凹、血肉模糊，护着身下的四个学生。谭老师用生命诠释了爱与责任，人们赞颂他"英雄不死，精神千秋"。

课文感人的瞬间很多，语言非常触动心灵，学生学得很投入。我让学生交流哪些语句打动了他们的心。学生纷纷发言。

"他意识到情况不妙，来不及多想，就大声喊道：'大家快跑！什么也不要拿！快……'""在教学楼即将坍塌的瞬间，还有四位同学冲不出去了！谭老师立即将他们拉到课桌底下，双手撑在课桌上，用自己的身体护住了四个学生。"

获救学生的语言："地震时，眼看教室要倒，谭老师飞身扑到了我们的身上。"

随着学生的交流，我发现许多学生的眼里有泪光闪烁，其中小彤最激动。我叫起了她，轻轻地问："你在想什么？"小彤说："谭老师离门口最近，他最有可能离开……"然后她哽咽了。

我说："是啊，在生死攸关的时刻，谭老师把生的希望留给了学生。那个最后的姿势是他留给学生永恒的爱。那同学们想一想，假如谭老师还活着，还能上课,他的学生会怎样?"

小飞说:"一定会认认真真听讲,努力学习。"

经常不写作业的小梅说:"每天认真完成作业,不让老师操心。"

我说:"听得出来,刚才的话大家是发自内心的。谭老师是所有老师中的一个,地震这样的事情发生的概率很小,老师平时做得更多的是一些平凡的事情。但老师一心为生的思想是一样的。请想一想,教过你的老师,有没有做过令你印象深刻的事情?"

小明说:"有一次我感冒发烧了,您用额头试试我的头热不热,就跟妈妈一样,我妈妈也是这样做的。"

小宇说:"有一次我看到您肚子疼,用手捂着肚子,还坚持给我们讲课,怕我们看见,就坐在凳子上讲。"

我很诧异:"你怎么发现的?"小宇说:"因为您从来不坐着讲课。"

"同学们,那我们应该怎样对待老师?"

这时,学生纷纷发言,从很多方面谈了自己的做法:上课认真听讲,不做小动作;认真对待每一次作业,做到书写认真,卷面整洁;关心班集体,不做有损班级荣誉的事情;接受老师的教诲,有不同看法要及时交流,不刻意顶撞老师……

《天游峰的扫路人》
——感恩每一份平凡的奉献

《天游峰的扫路人》是一篇散文,作者用细腻的笔触描写了一位在天游峰游览区扫路的老人。他尽管已经七十多岁,但总是把工作视为一种运动和享受,日子过得自在悠闲。

读了文章,我从心里佩服老人。谁会想到一个年过七旬的老人,每天扫一千八百多级的石阶?这项工作对于年轻人来说,也是不轻松的。当作者问他累不累的时候,老人说:"不累,不累,我每天早晨扫上山,傍晚扫下山,扫一程,歇一程,再把好山好水看一程。"

老人还说:"按说,我早该退休了。可我实在离不开这里:喝的是雪花泉的水,吃的是自己种的大米和青菜,呼吸的是清新的空气,而且还有花鸟做伴,我能舍得走吗?"

老人的这两段话给学生留下的印象格外深刻。他们谈得最多的是要学习老人这种自强不息的精神和自信、豁达、开朗的生活态度，要热爱工作、热爱大自然。

这篇课文对学生的情感教育，如果仅仅停留在对扫路人的敬佩上，我觉得远远不够。

我说："同学们，你们说得都很好。从老人的话中，你还能读出别的吗？"学生面面相觑。我接着说："我读出了一种感恩，对大自然的感恩。他认为自己可以边工作边欣赏美好的风景。花鸟虫鱼、好山好水、吃的菜、喝的水、呼吸的新鲜空气，一切都是大自然的馈赠，一切都是美好的。因为他内心是满足的、懂得感恩的，所以他才如此乐观开朗。那么，反思自己，我们可以做什么呢？"学生陷入了沉思。

我继续说："一位年过七旬的老人，居然可以每天登上那令游客都望而却步的高山，是多么令人心生敬意！他的默默付出，又给别人带来了多少方便？当你吃完东西，随手一扔时，有没有想到会是谁捡起你丢掉的垃圾？当你到旅游区尽情游玩、欣赏美景时，有没有想到，这干净整洁的背后是谁在默默地付出？"

这时，学生纷纷发言，说在旅游区看到过垃圾袋、塑料瓶等，也有学生谈到了自己曾经和爸爸妈妈一起捡拾游客留下的垃圾的事，我及时地进行了表扬、鼓励。

最后，我和学生一起总结了几条建议：首先，地球是我们唯一的生存家园，我们要感谢并珍惜它给我们带来的一切。其次，扫路人、清洁工等在保护地球，保护我们的家园。我们更应该感谢他们，感恩他们给我们带来的美好环境，我们要尊重他们的劳动！由此想到，生活中还有很多平凡的劳动者，他们在自己的工作岗位上默默奉献，我们要感恩每一份平凡的奉献，并用自己的实际行动去落实这种感恩。从学生的眼神中我知道，他们听懂了。

四 ○ 互助篇

给予的快乐
——播种爱，收获幸福

学习《高尔基和他的儿子》时，在理清课文条理之后，该进入精读感悟部分了，以往都是我提出一个主线问题，让学生根据问题自读自悟，画出相关语句，做批注，然后进行小组交流，再在全班展示交流。今天我换了一种方式，把主动权交给了学生，我说："如果让你来当老师，你认为我们应该学些什么？你希望同学们掌握哪些问题？"

这时教室里安静极了，可能学生没想过这个问题，我静静地等待着，几分钟之后，有几个学生举手了。我示意他们再想想，看到越来越多的学生举起了手，我便开始提问了。

首先，王琨发言："课文第一自然段说，高尔基很爱他的儿子，从哪里能看出呢？"琨智说："课文题目是《高尔基和他的儿子》，我觉得课文不仅写了高尔基很爱他的儿子，也写了儿子对他的爱。从哪里能看出高尔基的儿子很爱他呢？"厚德说："我注意到文章的最后一句话，我的问题是，为什么说'给'永远比'拿'愉快？"接下来的几个学生也都抓住了文章的最后一句话来提问题。

我暗暗高兴，学生抓得多准呀，这不就是课文的重点吗？这篇文章写了发生在高尔基和他十岁儿子之间的两件生活小事：栽花赏花和写信教子，反映了高尔基父子间的浓浓亲情以及高尔基育子先育心的拳拳爱心。全文围绕一个"爱"字，语言清新，故事性强，寓意深刻。学生的表现令我惊喜，我把他们鼓励和表扬了一番。

课堂上，我和学生围绕刚才提出的问题，逐一交流讨论。在交流儿子对父亲的浓浓爱意时，学生情绪高涨，抓住了第三自然段中的"只有十岁""还没有镢头那么高""顾不上休息""一直忙着""各种各样"等词语，并展开想象，谈得很到位。

这时，我抛给学生一个问题："如果是你，见到了久违的父亲，你会怎么做？"学生讨论热烈，有的说会陪爸爸聊天，有的说会和爸爸做游戏，有的说会给爸爸带礼物……

"那高尔基的儿子为什么要种花呢？"这个问题似乎把学生难住了。

这时，小志说："我觉得，我们说的这些，也许高尔基的儿子都做过。但这些，他离开以后就结束了。他想给爸爸留下更多的快乐。"教室里掌声四起。看来，学生更深入地理解了高尔基儿子的懂事和对父亲的浓浓爱意。

接下来，学生讨论了对高尔基教子的那句"'给'永远比'拿'愉快……"的理解。课文学到这里似乎该结束了，但学生体会到高尔基对儿子的拳拳爱心了吗？于是，我又抛给学生一个问题："从高尔基给儿子的信，你能读出他对儿子的爱吗？"果然不出所料，学生又陷入了沉默。

几分钟后，亭旭举起了手，说："高尔基的信在教育儿子怎样做人，我觉得这就是爱孩子的表现。"说得太好了，我不由得为他鼓掌，同学们也报以热烈的掌声。是啊，教育孩子如何做人，把孩子培养成对社会有用的人才，不就是对孩子最大的爱吗？

接着，学生回忆了父母教育自己的一些事，觉得那也是父母爱自己的表现。看得出来，这堂课，学生有了新的收获。

课上完了，我的心情却一直很激动。当再次反思这堂自认为很成功的课时，我总感觉学生对"爱"理解得不到位。高尔基在信中告诉儿子："'给'永远比'拿'愉快。"对这句话，学生真的理解了吗？于是，第二节课，我引导学生进行思考和讨论：高尔基和儿子分别给予了对方什么？

学生讨论热烈，发言精彩。儿子种的花在春天开花后，让高尔基很快乐。他给予了爸爸盛开的鲜花、愉悦的心情，还有满满的爱，因为他希望爸爸快点好起来。高尔基写信告诉儿子他的快乐和感激，既给予了儿子爱的教育，也向儿子表达了感谢，给予儿子榜样的力量。爸爸和儿子的心情都是美好的。

"那我们可以给予别人什么呢？"学生纷纷发言：可以随手捡起一片纸花，给予别人干净整洁的环境；可以在图书馆内保持安静；可以给老奶奶让座；可以扶起被风吹倒的小树；可以给流浪的小猫找个家；可以给予别人一个灿烂的微笑、一个温暖的拥抱、一句贴心的安慰、一份宽容和尊重……

最后，我进行了总结："同学们，这堂课你们给予了我很多惊喜。'给予'带来的满足感和快乐远比'拿'更持久、更深刻。"这时，小勇说："王老师，您也给予了我们知识和帮助。"我和学生都笑了。

"给"永远比"拿"愉快。给予是快乐的，播种爱，收获幸福。我想，此时此刻,学生真的懂了。

五　谦让篇

从《鹬蚌相争》到学会谦让
——退一步海阔天空

开学第一天,还没有下发语文课本。学校推荐了几篇小古文,我选择了其中的《鹬蚌相争》。三年级的时候,学生接触过古文,所以今天整个学习过程还算比较顺利。朗读几遍之后,学生就基本理解了小古文的意思。最后,我引出了成语“鹬蚌相争,渔翁得利”,并让学生说一说这个成语的意思。

令我感到欣喜的是,课堂上,学生积极思考,提出了两个问题。第一个问题是既然鹬的嘴夹紧了蚌,它怎么还能说话呢?相似的问题就是,蚌被鹬的嘴夹住了,它又怎么能说话的呢?学生很快就解决这个问题了。第二个问题是鹬为什么不飞走呢?学生对这个问题非常感兴趣,展开了热烈的讨论。有的说,蚌太沉了,鹬飞不起来;有的说,因为他们两个将精力都用在吵架上了,所以被渔翁得利了。

我说:“同学们,忍一时风平浪静,退一步海阔天空。鹬和蚌互不相让,才导致两败俱伤。那鹬蚌相争的故事给了你怎样的启发?”

有的学生说,他想起了,有一次,他和妹妹争一块蛋糕,结果蛋糕被哥哥吃掉了。还有个学生说,有一年暑假,本来妈妈答应了全家一起出去旅游,他和姐姐就要去哪里而争论不休,结果妈妈生气了,哪里也不去了,他俩都很后悔。

最后,学生认识到,同学之间要团结互助,不要因为一点小事斤斤计较、争吵不休,这样对谁都没有好处。遇到矛盾和冲突的时候,要学会谦让与宽容,学会智慧地处理问题。

是的,退一步海阔天空。我想,这种水到渠成的结论,会让学生的印象更为深刻吧。

六　共情篇

己所不欲，勿施于人
——学会换位思考

今天学习《论语》里的一些名言，其中有一句"己所不欲，勿施于人"，意思就是自己不愿意的事，不要强加在别人身上。这句话的表面意思比较好理解，但能否真正让学生践行这句话呢？我想起了刚刚上课前发生的一件事。

课间，小 Y 愤愤不平地说，小 Z 给他起外号。结果小 Z 委屈地说，小 Y 整天给别人起外号，今天也是小 Y 先叫他外号的。

我们都提倡严于律己、宽以待人，小 Y 正好相反。许多事情，他可以做，别人不可以。例如，他经常说脏话、欺负同学，别人如果回骂一句，就不行。我多次找他谈话，但收效甚微。这不就是个很好的机会吗？怎样充分利用这句话让他认识到自己的错误呢？

我完整地出示了子贡和孔子的对话：

子贡问曰："有一言而可以终身行之者乎？"

子曰："其恕乎！己所不欲，勿施于人。"

然后引导学生交流这两句话的意思，子贡问道："有没有一句话可以终身践行？"孔子说："只有恕道！自己不愿意的事，断不可加在别人身上。"就是说，我们要推己及人、将心比心，能够站在他人的角度，设身处地去理解和体谅别人。可以终生这样去做。

接着，我让学生思考："既然这点如此重要，那我们又该怎么做？在和同学们相处的过程中，你认为有哪些需要注意的？"小组讨论后，学生开始发表看法。

"如果不喜欢被别人取笑，那么自己也不应该取笑别人。"

"如果不喜欢别人随意翻动自己的书包或文具，那么自己也不应该随意触碰他人的物品。"

"如果不喜欢别人在课堂上吵闹影响自己听课，那么自己也应该保持安静，不破坏他人的学习环境。"

"如果在遇到困难时希望得到帮助，那么自己也应该在别人需要时伸出援手。"

"那你有没有遇到别人打扰你或者做了让你心里不舒服的事？你心里有什么感受？"小林说："上课时，我同桌总是自言自语，影响我听课，我很烦。"

"是啊，己所不欲，勿施于人。希望同学们能在生活中真正践行这句话。"

下课后，我把小Y和小Z叫到了走廊谈话。我请小Y说说别人给他起外号时他心里有什么感受。他说："不舒服。""那换位思考一下，你给别人起外号时，别人会怎么想？"他不作声了，但明显没有上课前那么生气了。"己所不欲，勿施于人"，他应该有所触动了吧？

七　环保篇

消失的村庄，永恒的启示
——保护环境从现在开始

课间，学生在教室后面的垃圾桶里发现了一本没用完的本子，翻开里面空白的崭新纸张，真让人心疼。放学后，洗手池的水龙头在哗哗地流水，这已经不是我第一次去拧紧水龙头了。最近，学生的环保意识增强了不少。他们也会像我这样随手关灯、关水龙头，也会相互监督，制止浪费行为，但浪费现象还是时有发生。

今天要学习课文《一个小村庄的故事》，这篇文章读来发人深省。那曾经美丽如画却又最终走向覆灭的小村庄，就如同一面镜子，清晰地映照出人类与自然千丝万缕的联系。

初读课文时，我和学生一同欣赏小村庄最初的模样："山上的森林郁郁葱葱，村前河水清澈见底，天空湛蓝深远，空气清新甜润。"我趁机提问："同学们，想一想如果我们生活在这样的环境中，你会做什么？"学生纷纷举手，描述在田野里撒欢、在山林中漫步的快乐。

然而，有些村民为了眼前的利益，不加节制地砍伐树木，山坡上出现了裸露的土地，一年年，一代代，山上的树木不断减少，大地失去了绿色的屏障。最后，一场咆哮的洪水将小村庄毫不留情地卷走，什么都没有留下。

此时，我播放了一段模拟洪水肆虐的视频。画面中，汹涌的洪水冲垮房屋、卷走财物，人们惊慌失措。视频结束，教室里一片寂静，我轻声问道："同学们，看到这样的场景，你们有什么想说的？"一个男生说："我们不能像小村庄的人那样，只想着自己，要保护环境，不然大自然会惩罚我们的。"

此时，我轻轻拿起那本被丢弃在垃圾桶里，还剩下许多空白页的作业本，将它展示在讲台上："同学们，看看这本子，它和小村庄有什么关联呢？"短暂思索后，小然举起了手："本子是用树做的，浪费本子就像小村庄的人砍树一样。"

我用图片和视频展示了造纸的复杂流程：参天大树被伐倒，被机械切割、碾碎，再经过化学药剂浸泡、高温蒸煮、反复冲洗、烘干等一系列工序，才最终成为我们笔下的纸张。

"每一张纸，都是大自然的馈赠，它凝聚着树木的生命以及无数工人的辛勤汗水。咱们轻易浪费本子，何尝不是对资源的无情挥霍？"

接着，我给学生展示了我拍摄的洗手池水龙头哗哗流水的照片。"大家再想想，咱们每天用水时，是否做到了珍惜呢？"我播放了一段关于水资源现状的纪录片：干涸的河床张着大口，像是对水源的绝望呼喊；干旱地区的人们，为了获取一点生活用水，要在崎岖山路上跋涉数小时；下雨天，我们都待在家里怕被雨淋，但缺水的地方，孩子们在雨里撒欢、洗澡……

"地球上的水，虽然总量看似庞大，但真正能供人类直接使用的淡水仅占极小的比例。咱们随意浪费，那些缺水地区的人怎么办？当水源枯竭，我们的生活又将何去何从？就如同小村庄失去森林的庇护，会陷入绝境。"

学生陷入了沉思，开始分享自己的感悟。欣润说："我看过一个公益广告，说如果人们不节约水资源，地球上的最后一滴水，将是人们的眼泪。"小艺红着脸说："王老师，那个本子是我的，我以后一定两面都用，不浪费本子了。"

"你们说得真好！我们节约资源，就是在保护环境。保护环境从我做起，从现在做起。"

看着他们坚定的神情，我知道，这堂语文课不仅完成了知识的传授，更在学生幼小的心里种下了环保的种子。

八　反思篇

班主任既要教书又要育人。在我的语文课堂上，除了传授学科知识，也发生过一些其他值得思考和借鉴的事情。

消失的笔名
——武断的后果

那年我教的是六年级。一天，我正在批阅学生作文，突然，一篇作文映入眼帘，题目是《看漫画的乐趣》，题目下面写着"作者：老享"。我的第一感觉便是抄袭之作！竟然连作者的名字都抄上了。我瞬间就生气了。读完全文，我发现这篇作文语言流畅、感情真挚，写出了漫画给自己带来的快乐和享受。特别是结尾一段，"看漫画，少了闲谈，少了是非，少了烦恼，少了忧愁……"句子简洁明了，让人意犹未尽。这么优秀的一篇作文，不是抄袭是什么？看到这里，我越发坚定了自己的想法。我看了看作文本上的名字"郭大鹏"，这是一个学习努力又认真的学生。怎么？连郭大鹏也开始抄作文了？我更生气了，准备找个时间好好教育教育他，然后让他重写。于是，我也没认真批阅，只在文章末尾写了一句话："'老享'是谁？笔名吗？"

第二天上课，学生读书时，我故意走到郭大鹏身边，竟然发现他的语文书上也写着"老享"。瞬间我就感觉，是不是错怪他了？于是，我低声问他："是笔名吗？"他点点头，然后在书上写了这样一句话："'郭'的一半是'享'，老舍也是这样的。"我这才恍然大悟。课上刚学过老舍的《养花》一文，介绍过老舍，他的原名是舒庆春。霎时，我明白了！我真为自己的轻率感到羞愧！

再一次批作文，我发现"老享"的笔名不见了，但文章依然很有真情实感。读着他的作文，想着消失的笔名，我为自己的想当然感到无地自容。尽管我后来做了补救，但那个消失的笔名，一直到他毕业也没再出现过。我想，我一定是伤了他的心了。

这件事让我成长了，也让我不断思考如何智慧工作、如何呵护心灵。我以此为戒，每当遇到事情，首先想到的是研究如何保护学生那稚嫩的心。

你看到盲童的画了吧?
——智慧的力量

今天上课,学习一篇文章,题目是《盲童的画》。文章讲的是在少年儿童画展色彩缤纷的画幅中,有一幅没有色彩、线条也很简单的画,那是一幅盲童的画。雪白的纸上,用圆珠笔画着一个太阳,照耀着一座小屋,小屋前一条小溪,还有一棵树。寥寥几笔,勾画出一个平和幸福的人家。

我和学生一起赏析这篇文章,发现一向听讲认真的小宇竟然闭着眼睛。"是睡着了吗?"因为是下午第一节课,我的第一反应是小宇中午没睡觉,犯困了。我的心里不免有点恼火。但此时的我,已不像当年那么冲动。于是,我提了一个问题,然后平静地、不露痕迹地让小宇来回答,小宇对答如流。我有点意外,但又好似在意料之中。我想:他刚才是在体验盲童吧?于是,我灵机一动,随即说道:"小宇,你刚才看到盲童的画了吧?我看你都陶醉了。"他不好意思地笑了,全班同学都笑了。

看着同学们天真的笑脸,我很庆幸自己没有不分青红皂白地批评小宇,庆幸自己选择了相信学生,智慧地验证了自己的猜测,从而很好地保护了学生稚嫩的心。

"呕吐"之后
——引导的重要

今天上午第二节课,我正在上课,突然,有同学喊:"小荣吐了!"我和同学们的目光迅疾转到小荣身上,只见一些呕吐物不断地从小荣的嘴里喷出来。我马上拿了一个桶跑到他的身边,这才发现,桌子、椅子、书本甚至他的衣服上都沾满了呕吐物,地上更是一片狼藉,一股难闻的气味迅速在教室里蔓延开来。有的学生捂住了鼻子,有的学生小声说:"真恶心。"更多的学生看着我,等待我的反应。

我指挥学生打开窗户,然后迅速把衣服拿到卫生间。回到教室,房间里的味道很大。学生依然在捏着鼻子,叽叽喳喳。离得近的学生身子往外探着,恨不得赶快逃离那个地方。怎么办?怎么让学生意识到越是同学有困难,越应该互相帮助呢?于是,我拿出了酒精湿巾,走到小荣的座位前,动手擦了起来。这时,小涵迅速走过去,还有同桌小贤也动手擦起来。没想到,刚才还捂着鼻子的小杰也拿起了纸，和我们一起擦起来。小丽一直看着我们，不停地递给我们纸巾，但看得出来，这个爱干净的女生在犹豫。过了一会儿，她拿起了小荣的书，仔细地擦了起来。子翔、彦娇、辰铭，越来越多的学生加入进来，其他人尽管没动手，但喧哗声没了，捏鼻子的行为不见了，虽然教室里难闻的气味依然存在。

很快，教室归于平静。事情过去了，但我觉得有些话必须告诉学生。于是，我对这件事进行了总结。我问："同学们，在大家的努力下，现在咱们教室又恢复了干净整洁。通过这件事情，你有什么感受？"

学生纷纷发言，他们意识到，同学需要帮助时要及时伸出援助之手。谁都有不舒服的时候，如果自己不舒服了，希望别人怎样对自己，那就怎样去帮助别人，帮人就是帮己。

我说："对的，其实很多同学平时就是这样做的。我经常看到有的同学为请假的同学记作业、捎书本，有的帮同学背书包，有的借稿纸给同学用。平时同学们一直互帮互助，希望大家能继续保持下去。"

课堂上经常会有一些突发事件，这些都是很好的教育契机，班主任要善于抓住这些教育契机，对学生进行引领和教育。

九　进步篇

教育的意义，不仅在于传授知识，更在于点燃希望、唤醒潜能。每一个学生都是一颗独特的星星，只要给予足够的耐心和鼓励，他们都会绽放出属于自己的光芒。我的班级、我的课堂，每天都在上演着关于成长的故事。这些故事或许平凡，却饱含着温暖的力量，激励我不断前行。

从应付了事到精心准备
——语文学习的可喜进步

《月光启蒙》是一篇淳朴优美、感情真挚的散文。作者回忆了自己童年时，在夏夜月光的沐浴下，母亲唱民谣、唱童谣以及讲神话故事的情景，表达了作者对母亲启蒙教育的感激和怀念之情。

按照以往的分工，今天该第十小组上台带领大家学习了。组长祎晨领着组员，跟往常一样，生字词、课文朗读、主要内容、资料交流……逐一进行着。尽管

119

还有学生有些许紧张，但与学期初相比，他们自信多了，口齿清楚了，声音响亮了。特别是学生自己搜集的一段资料，让我感触颇深。

"母亲患了老年痴呆症，失去了记忆。我赶回老家去看她时，她安详地坐在藤椅里，依然那么和蔼、慈祥，但却不知我从哪里来，不知我来干什么，甚至不知我是谁。不再谈她的往事，不再谈我的童年，只是对着我笑，笑得我泪流满面。"

这段文字选自孙友田的《月光母亲》，也就是《月光启蒙》的原文，是文章开头的一段。孙友田写过母爱三部曲《母爱似水》《迎接母爱》和《月光母亲》。课文《月光启蒙》把原文开头的三段删掉了，并做了一些改动。

课文中的月色极美，月光下唱着童谣的母亲更美。可以说，字里行间饱含着作者浓浓的感情。但学生对此感触并不深刻。补充了原文的文字后，对于作者的感情，学生更容易理解了。

还记得我在课堂上读这段资料时，教室里静悄悄的，学生听得很认真，读完后我的眼里盈满了泪水，学生也眼泪汪汪。再读课文时，明显感觉他们读进去了，感情更充沛了。可见，这段资料是多么重要！祎晨小组真是做了充分的准备。

这是多么令人欣慰的事情啊！自从实行小组合作以来，我加大了课前预习的力度，会布置前置性作业，课堂上进行质疑、讨论、交流、展示。如此，学生的积极性提高了，各方面的能力也提高了。他们不仅学会了如何搜集、整理资料，还学会了根据需要做出筛选。

记得以前的资料搜集，学生只将其当成一项作业，应付了事。搜集最多的是作者的资料，并且内容雷同。如生卒年、原名，从网上搜一段，抄上了事。现在，学生在搜集资料时很用心，如会选对学习本篇课文有用的文字资料并记住，课堂上用自己的话说出来。还会准备图片资料，如学习课文《秦兵马俑》《埃及的金字塔》前，承浩、雨熙、宸宇等准备了许多栩栩如生的图片。学习课文《二泉映月》时，文泉还把这首曲子放给同学们听。

现在，学生还能找到课文的原文，把能够帮助同学们更好地理解课文的重点段落筛选出来，这说明学生的自学水平又提高了。

从应付了事到精心准备，这一过程是漫长的，我见证着学生的点滴进步，享受着学生带给我的惊喜，也从心底为学生高兴！

从一言不发到勇敢表达
——小辉的自信蜕变

"哗哗哗……"掌声四起，大家在为班里的小辉鼓掌。小辉是一个成绩不够理想的男生。让人头疼的是，他从不在课堂上展示自己，哪怕老师主动将他叫起来，他仍会一言不发地站那儿。

自从实行小组捆绑式评价后，这个集体荣誉感极强的男生变了。为了小组的荣誉，课堂上，他开始羞涩地举起小手。他们组有幸被选入课文小组对决赛。他跟随小组成员来到台前，眼里满是惶恐，脸蛋红红的。读完后，大家把掌声送给了他。在评价中他得知，我们的掌声是对他自信和敢于展示自己的鼓励。从那时起，他对自己有了些自信。

第二次跟随小组上台展示，他给我们带来了更大的惊喜。课文读得一个字都没错，而且声音那么响亮，同学们给予他雷鸣般的掌声。

前不久，一个课间，我在讲台上批作业，他轻轻地在身后扯了扯我的衣服，然后小声说："王老师，我可不可以申请下一次的课前三分钟？"惊喜之余，我问他："你想好要展示什么了吗？"他说："我想背《水调歌头》。""那么长，有信心背过吗？"他使劲地点了点头。我们刚学完课文《但愿人长久》，我在课堂上鼓励学生背诵苏轼的《水调歌头》，小辉听进去了。

几天后的课前展示，小辉流畅的背诵令同学们刮目相看。他还是那个一言不发的男孩吗？看着小辉满是兴奋的脸庞，我比他还高兴！

从自由散漫到点滴进步
——小宛成长小计

《在牛肚子里旅行》是三年级的一篇文章，这是一篇有趣的科普小品文。文章写的是，两只小蟋蟀玩捉迷藏，其中一只不幸被牛吞进肚子里，在牛肚子里旅行了一次，最后侥幸逃脱了。课文通过两只蟋蟀的危险经历，告诉我们一个科学小知识：牛有四个胃，吃食时具有反刍现象。文章篇幅虽长，但情节生动有趣、语言活泼，将一个有关动物生理学的知识讲得有声有色、清楚明了。

对于这篇课文的学习，有两个重点要注意：一是蟋蟀红头在牛肚子里旅行的过程；二是蟋蟀青头表现出的优秀品质，如临危不惧、在危险时刻不慌张、用知识解救朋友，以及对朋友真挚的情感。

对于蟋蟀青头的优秀品质的理解，对学生来说并不难，相反，比较难懂的是第一个重点，即蟋蟀红头在牛肚子里旅行的过程。因为涉及牛胃的结构，我原以为学生对牛胃结构很陌生，所以为了让学生更好地理解文本，课前，我让学生搜集有关牛胃的知识和图片，我也从网上查阅了资料和图片，还用浅显生动的语言写了"牛的自述"，希望能在课堂上将这一科学小知识讲得清楚明白，帮助学生更好地理解蟋蟀红头的旅行过程。

我预设的课堂是，当讲到这一知识的时候，学生睁大渴求知识的眼睛，认真地看着图片，静静地听我讲解。令我意外的是，我所做的准备都没用上，有不少学生查阅了此类资料，而且讲得头头是道。表现最好的是小宛，她把查到的资料变为自己的语言，娓娓道来，还不时地结合自己画的图片，讲到哪里就指到哪里。看得出来，她真的掌握了这些知识。

想想她平时的表现，上课基本不听讲，除了玩笔、橡皮、尺子等，就是撕纸。老师还不能批评她，否则她就要发脾气。没想到今天她不但听讲认真，还知道举手发言，并能讲得清楚明白，我把她好一顿夸。

看到她坐得笔直，我不由得想起了昨天，也是语文课堂上，她第一次发言前举手，以前她总是张口就来、想说就说。我及时地表扬了她。还有前天午读时，她第一次安静地坐在座位上认真地读书，我也抓住时机表扬了她。看来，她很在意我的鼓励，把我的话听进去了，并不断地努力着。对学生来说，鼓励的作用远比批评管用。所以，班主任要看到学生的点滴进步，及时加以肯定。

读着这些故事，往事一幕一幕，仿佛就在眼前。学生天真的笑脸、爽朗的笑声、蓬勃的朝气，时时感染、激励着我，这何尝不是一种快乐呢？

第五章

家校携手合力育人

苏霍姆林斯基认为，只有学校教育而没有家庭教育，或者只有家庭教育而没有学校教育，都不能完成培养人这一极其细致、复杂的任务。所以，学校教育必须与家庭教育结合起来。家长参与学校教育，不但会提高教育效果，更能增强家长的责任感和自豪感。

一 家校共育的前提——工作好好干

（一）做好本职，赢得尊重

班主任要严谨、认真地对待自己的工作。首先是学科教学，班主任要认真备好每一节课、批阅每一次作业。布置的作业要有检查、有评价、有反馈。班主任还要认真准备家长会的发言、课件的制作、学生的评价手册等。其次，班主任要认真对待学校组织的每一项活动、举行的每一次比赛，绝不应付，有一必争，有旗必夺。成绩的取得不仅能增强班级的凝聚力，还能让家长看到班主任严谨的工作态度和能力。

另外，班主任要格外关注学生的身体健康和心理健康，能敏锐地发现学生的变化，关注学生的需求，给予学生足够的关爱和耐心，能智慧地解决学生出现的问题。

总之，不管是教育教学、班级管理，还是家校沟通，班主任要让家长和学生感受到自己的专业和认真，要把自己最好的一面展示出来。班主任严谨认真的态度不仅会潜移默化地影响学生，还能赢得家长的尊重。

（二）公平公正，赢得信任

公平公正地处理问题，是班主任赢得学生和家长信任的前提。有问题可以改正，但如果失去了公平，就失去了信任。很多班主任都认为自己做事公平公正，甚至把更多的精力用在教育和帮助"问题学生"和学困生的身上，但仍然有学生和家长认为，班主任偏爱班干部和学优生。这个现象值得我们反思。

因此，在班级管理中，班级的规则要公开透明，在课堂发言、活动参与等方面，班主任要确保每个学生有平等的机会，对于性格内向或学习有困难的学生，要给予更多的关爱和帮助。在处理问题时，班主任要做到公平公正、就事论事、不翻旧账，不因学生过去的表现而对他们有偏见，要注意说话的态度和语气，要客观公正地对待每个学生，让学生和家长感受到自己的一视同仁。

（三）走近学生，赢得喜欢

家长对班主任的了解，多从自己孩子的口中得知。特别是刚换班主任，开学第一天，一般家长会问："新班主任怎么样？喜欢吗？"如果孩子说"老师真好"，家长会很高兴；如果孩子说"不喜欢这个老师"，一两天还行，如果时间长了，孩子还是说"不喜欢"，家长就会犯嘀咕："这个班主任怎么回事？是不是不喜欢我家孩子？"素质高的家长会在孩子面前维护班主任的形象，但心里会不舒服。久而久之，家长会对班主任产生不好的印象，让家校沟通出现障碍。

因此，班主任要与学生建立良好的关系，课后多与学生互动，在与学生相处的过程中，多观察、了解每个学生的特点，采取不同的教育教学方式；多倾听、了解学生的需求，及时给予帮助；多鼓励、发现学生的优点和进步，及时给予肯定。

爱是相互的。班主任的付出，学生看得到，对学生的喜欢，他们也感受得到。只要学生喜欢、认可班主任，家长就会认可、尊重班主任。

（四）引领家长，赢得支持

家长跟班主任一样，都以班级为荣。大部分家长愿意支持班级工作，愿意为班级服务，所以，班主任在工作中要善于引领家长，用自己的人格魅力去影响、带动家长,赢得家长的支持。

班主任可以提前规划,统一思想,把自己的带班理念、学年规划告知家长,让家长多提意见和建议。这样家长既能对班级有更多的了解,还会在班级需要他们的时候,根据自己的特长和优势积极参与。

1. 加强沟通引导,转变家长观念

班主任可以通过微信群、家长会、家长进课堂等形式,分享科学的家庭教育理念,还可以推荐一些优秀书籍,如《读懂孩子》《正面管教》《父母的觉醒》,引领家长阅读和交流,帮助家长认识到自身成长对孩子教育的关键作用。

2. 精心设计活动,激发参与热情

设计亲子阅读活动,在班级设立"亲子阅读日"。班主任可以提前挑选适合学生阅读的书籍,让家长和孩子共读一本书,并在班级群里分享阅读心得;可以让家长和孩子一起种下一粒种子,看着种子逐渐发芽、长大,记录下那份期待和欣喜;还可以举办亲子朗诵会、亲子跳绳比赛等。

班主任可以邀请有时间的家长参加学校组织的运动会、研学活动以及各项比赛活动,或于赛前组织训练,或在比赛时负责拍照记录精彩瞬间,让家长在欢乐的氛围中感受班级活力,体会参与班级活动的乐趣。班主任也可以邀请有特长的家长到学校给孩子们做讲座。

家长希望孩子在一个积极向上的班集体里学习和生活,他们也愿意为班级出力争光。有一年学校召开运动会,有亲子项目,我们班小霆的爸爸在上海工作,妈妈要参加妹妹班的运动会,本来我跟小霆说好了,给他找个"家长"陪他一起完成比赛,实在不行,我就和他一起完成比赛项目。结果第二天,小霆爸爸来了,他连夜坐飞机从上海赶回来的。可见家长多么重视学校的活动。

二 家校共育的策略——有事好好管

(一)"戴高帽",定原则

接手新班级后,班主任可以通过微信群、家长会等表达自己的一些带班理念。小学生之间难免会闹矛盾,班主任时常"断官司",这时家长的态度就非常重要。所以,班主任可以在第一次家长会上给家长"戴高帽"。比如可以这样说:

"感谢各位家长对班级工作的信任和支持。大家都知道,孩子们在一起,有点小矛盾、磕磕碰碰在所难免,但开学以来,咱班没有一位家长因为孩子间的磕磕碰碰找过我。我觉得自己很幸运,每年碰到的都是高素质的家长。"这样一"戴高帽",家长心里美滋滋的,无形中就定下了沟通的原则,以后遇到事情,他们尽量保持高素质的形象,注意处理问题的方式和方法。

(二)树榜样,有引导

班主任要及时把家长和孩子做得好的事情记下来,在班级群和家长会上进行表扬。这些鼓励不仅是对家长的肯定,更是正面引导。对于新接的班级,第一次出现的美好事情,更要大事宣传。

1. 要及时分享家长为班级和学生做贡献的事例

有一年,学校举办体育节,有方队表演。我们班的家委会主任自发组织家委会成员讨论并选取表演的音乐,家委会主任主动为班级买来了手花等道具,我及时在班级群里跟所有家长说了这件事,并表达了感谢。接下来的合唱比赛,主动参与的家长更多了,有负责剪辑音乐的,有负责化妆的,有送孩子们礼物的,等等。

对于这些,班主任一定要拍照、录视频,并发到班级群里,表达感恩和感谢。这也为其他家长树立了榜样。

当班级形成了家校齐心协力的班风以后,家长参与活动的积极性就更高了。例如,家长安全岗志愿服务、班级作文选的编辑工作、班报的整理工作等,许多家长争先恐后地参加,还会主动想办法。

一次学校要开春季运动会,本来前几天天气一直暖和,学生准备了短袖服装。谁知,运动会那天气温突变,需要在表演的服装外面穿个厚外套,什么时间脱下外套不至于冻着孩子?衣服脱下来放哪里?谁来看管?我正为此伤脑筋时,家长们主动想到拿来一个小拉车,由一位家长拉着,一路跟随孩子,让孩子在外套上做标记,脱下来后放到小车里。各位家长的集思广益和明确分工,使得我们班井井有条,为获得优异的比赛成绩打下了良好的基础。

四年级的孩子十岁了,"六一"国际儿童节那天,我们准备举行十岁成长礼活动。家长参与的热情很高且分工明确,从构思整个庆祝活动、录制家长的寄语视频,到准备主持稿、收集节目、明确庆祝活动的流程和串词,再到布置教室、制作美篇等,都是家长们一手完成的,取得了非常好的效果。班主任要及时分享这些家长为班级和学生提供的服务,做好宣传,让参与的家长对自己的付出产生自豪感和成就感。

2024年5月1日,学校运动会结束后,我在班级微信群里发了如下信息:

家长们,昨天的运动会圆满收官,咱们班的成绩非常优秀,所有该拿的奖状都拿到了。大家通过微信群看到了孩子们在运动场上的风采,看到了志愿家长的优秀表现。激动之余,还是想跟大家分享一些感动。

一是感动于孩子们。他们表现得很优秀!文明观看,积极投稿,咱班投了一百多篇稿子,广播了好多好多篇。

方队表演,咱们的服装最靓!咱们的班牌最美!咱们的小旗最红!孩子们的表演整齐、有范、有气势!感谢家委会精心挑选的服装,感谢浩瑜爸爸定做的班牌,感谢小萌妈妈带来的小红旗!

体育比赛,孩子们展现了齐心协力、顽强拼搏的精神!我们夺得了团体总分第一名、男女混合接力第一名、拔河比赛第一名,还获得了精神文明班级和优秀方队奖状,咱们班实现大满贯!

二是感动于家长志愿者。家长志愿者做事积极主动、不等不靠、分工明确、全力为班级服务!

爸爸们抢着干重活!徐愿爸爸搬盒子,用无人机拍摄;浩瑜爸爸提前训练接力比赛和拔河比赛的运动员;晟绪爸爸的小车起了大作用,一整天拉水、拉衣服等,就没闲着,环顾全操场,也就我们班有个小车!

妈妈们更是巾帼不让须眉。奕昕妈妈、文彬妈妈跑前跑后,手中拿满了号码簿、秩序册、小旗子等,有时都腾不出手来拍照;俊泽妈妈忙前忙后,多角度拍照;依辰妈妈拿着垃圾袋随时收拾垃圾,咱们的座位下没有一点垃圾;比赛时有孩子崴脚了,等我知道时,城彬妈妈已经给孩子喷了云南白药,还给咱班送了一个小药箱;小艺妈妈更是考虑全面,提前想到很多事,不断地提醒我,还提前一晚跑到学校传达室,把我们班的东西写上班级,以免拿错。

家长志愿者一心想着班级,及时、细心地提醒着每一项事情。我想到的,一呼百应,抢着去做。我想不到的,他们也都默默地发挥特长,主动做好了!

拔河比赛时更显示出咱班家长的齐心协力!每位家长志愿者都令我感动,都在发挥特长,尽全力为班级和孩子们服务。上午结束带队前,孩子们手中的加油手掌什么时间收起来了,我都不知道。下午结束,他们帮忙把所有东西提前收拾好了,还到教室帮忙给孩子们分发礼物。所有的事情,他们都想在了我前面,为所有的家长志愿者点赞!你们辛苦啦!

三是感动于咱班所有家长。运动会之前,家委会不断筹划,几乎每晚交流。从服装、班牌、号码簿到啦啦队的加油手掌,大家为班级出谋划策并积极行动。

各位家长真是太热情了,有的给孩子们买了好几份礼物,运动会期间不断地有家长往学校送。教室里还有一些礼物没发,也没来得及梳理。接下来,我会找机会给孩子们发下去。各位家长也和孩子们一起践行着我们的班训——让别人因我的存在而感到幸福!能给别人带来幸福的人,自己一定是幸福的!

看到群里大家做的运动会的视频,我很感动。我们班需要有这方面才能的家长,给孩子们和咱班留下一些成长足迹。请有这方面才能的家长继续发挥特长,让幸福留痕!

【家长感言】

辰名妈妈:王老师写得太感人了!真诚地感谢王老师和各位家长的付出。王老师认真负责,家长积极热心,孩子们团结友爱,我一次又一次地被我们幸福二班的大家庭感动。

昭伦妈妈:看到王老师和各位家长的辛勤付出,我尤为感动!孩子们在以往的每一次活动中都表现得非常出色,取得了令人瞩目的成绩,这和王老师的教导是分不开的,也和我们班这些优秀家长的付出分不开!相信我们班会越来越好!

小荣妈妈:由衷感谢王老师和各位家长的付出!家长们建言献策、群策群力,积极奉献着自己的爱心,为孩子们的每一次成长提供了坚实的后盾!孩子们学习和生活在这么有爱的大家庭里,何其有幸!

2024年9月26日,学校队列队形比赛结束后,我在班级微信群里发了如下信息:

家长们,今天的队列队形比赛顺利结束了,孩子们表现得非常优秀!我们班获得了一等奖!许多感动在心里涌动,不吐不快。

当宣布一等奖的时候,孩子们高兴得跳了起来。这个奖真是得之不易啊。从上周开始,孩子们在体育课上一直练。从本周一开始,赜熙爸爸加入队列队形的训练比赛。除了体育课上体育老师给孩子们训练,赜熙爸爸连续三天到学校带着孩子们训练,包括今天比赛时,他也在现场为孩子们鼓劲加油,并给孩子们带来了礼物。正如孩子们所说,一分耕耘,一分收获,今天孩子们表现得相当出彩。比赛结束,孩子们总结了我们取得成功的几个原因:第一,得益于孩子们坚持不懈地训练。第二,得益于赜熙爸爸拍摄的赜熙做的标准动作,孩子们参照视频进行了认真的练习。第三,得益于体育老师、赜熙爸爸、泽嘉妈妈以及班主任王老师的付出。咱班的孩子既懂事又懂得感恩。第四,得益于孩子们在关键时刻能把最精彩的一面表现出来。尽管他们在平时练习的时候有点调皮,但今天比赛时,孩子们的表现非常精彩。第五,得益于赜熙爸爸的鼓励。赜熙爸爸不仅为每个孩子准备了礼物,还给每个孩子买了一副白手套。手套一戴显得更加整齐、有精气神。

　　我觉得还应该加上一条,那就是家长的重视。今天早晨,除了个别孩子稍微晚了一点,其他孩子在7:50之前到达学校,并按要求穿好了衣服和鞋子。家长重视,孩子就一定重视。家长是孩子的榜样!非常幸运能够遇到咱们这群优秀的家长。

　　每一次活动都是提升班级凝聚力的大好机会。这一次我们开了一个好头,孩子们也非常高兴,希望在接下来的学习生活过程当中,孩子们能把这个劲头保持住,在学习和习惯养成等方面努力做到最好!

【家长感言】

　　赜熙爸爸:感谢王老师给我这个机会,到学校训练队列队形。通过这几天与孩子们的密切接触,我深深地感受到孩子们身上那种强烈的荣誉感,也感受到王老师的细心与耐心。几天下来,孩子们很累,王老师一直陪同,最后听到一等奖的那一瞬间,孩子们沸腾了。前面的辛苦都值了!孩子们今天的表现超出了训练时的水平。我相信在王老师的带领下,孩子们将实现德、智、体、美、劳全面发展!

　　一平妈妈:孩子们在方队训练中收获满满,不仅获得了一等奖,还更加自信和懂事。荣誉背后是王老师的用心付出和赜熙爸爸的耐心指导,因为你们的指导和鼓励,孩子们在赛场上更加自信、勇敢。孩子们也特别棒,加油!

　　班主任对班级工作的及时反馈、对家长参与班级活动的及时总结,既可以让家长及时了解班级取得的成绩,又可以表达感恩之心,激起家长继续参与班级活动的热情,对其他家长有很好的引领作用。

2. 要及时分享家长宽容大度的事例

让班主任最头疼的学生之间闹矛盾、弄坏东西等情况,如果有家长做得很好,应在家长会上广而告之。

一次体育课上,一个学生把球踢高了,直接砸在小格的眼镜上,眼镜腿断了,好在小格没有受伤。有学生将这件事告诉我,我立刻找到小格,没想到他满不在乎地说:"没事,没事,重新换副镜架就行了。"我给小格妈妈打电话,说明了情况,问道:"要不让那个孩子赔个镜架?"小格妈妈说:"不用了,那个孩子也不是故意的。"

家长会上,我讲了这件事情,并说:"每一个关心同学的孩子背后,一定有一个有爱心的家长,每一个宽容大度的孩子的背后一定有一个心胸宽广的家长。"家长们报以热烈的掌声。

班主任想把班级的风气往哪方面引导,就要注意记录哪方面的事例并进行正面表扬。这样的正面事例不仅赞赏了家长本人,又给其他家长树立了榜样,以后遇到事情,他们也知道如何处理。

(三)"唱高调",树威信

"唱高调"就是把班级、学校发生的好事及时告诉家长,不管是个人的还是集体的。

班主任应充分利用微信等 App,将学校新开设的课程、举行的活动和比赛的照片和视频等资料分享给家长,让家长了解孩子丰富多彩的校园学习生活,对学校多一分满意。照片要做到每个学生都被拍到,特别是那些比较调皮的和学习暂时落后的学生,他们的家长更在意。

班级取得的成绩,也要及时让家长知道。个人获奖,如书法比赛、绘画比赛、作文大赛,我会先在班里大肆表扬、拍照,然后给家长单独发过去,再在班级群里发一份,并热烈祝贺!集体成绩,如优秀班集体、各项比赛的集体奖,我也会拍照发到班级群中,并配上一段感言。家长会上,我会将本学期班级取得的成绩梳理后再次汇报给家长,并感谢家长的支持、鼓励和配合。

一个班级是由学生、家长和老师组成的,就像一个大家庭。所以,班主任应将班级取得的成绩及时分享给家长。这样,家长对班级多了些了解,也对老师的工作多了些肯定。

（四）巧说话，增理解

现在的学生都是家长手心里的宝。班主任因为整天跟学生打交道，有时候觉得司空见惯的事情，在家长看来可能就是大事。所以，遇到事情，不管是学生不舒服，还是学生受了伤，班主任都要十分重视，赶快弄清楚事情的来龙去脉并及时处理。然后第一时间告诉家长，让家长知情，让家长放心，更让家长感受到老师对孩子的重视和关爱。

例如，遇到两个学生闹矛盾，特别是其中一个受了伤的情况时，班主任的沟通方式就显得尤为重要。同时，在事情的处理过程中，班主任要及时跟进，待事情完美解决，这又是一个家长会上值得称赞的榜样事例。

有一年，我任教五年级，男生小俊和小康是前后桌。后面的小俊觉得小康衣服的帽子好玩，就去动，几次之后，小康不耐烦了，一甩胳膊，结果手里的笔划到了小俊的脸，划破皮了。

然后我就给小康的妈妈打电话，说："尽管小俊有错在先，但毕竟小俊受伤了，而且挺重的，小俊妈妈挺好的，什么话都没说。您看怎么办好？"小康妈妈马上就说："王老师，请您把小俊妈妈的电话给我，我领孩子上医院看看。"我说："要不我跟您一起去？"小康妈妈马上说："不用了，王老师，放心吧，我一定会处理好这件事的。"我就夸她："谢谢你，小康妈妈，咱班家长的素质都很高。"

于是，我又给小俊妈妈打电话，说："小康妈妈听说孩子划伤了小俊，她很抱歉，特别担心小俊的情况，跟我主动要了您的电话，她一会儿会跟您联系……"

到了晚上，我正想打电话问两边的情况，两位家长就先后给我打来了电话，讲了孩子的情况，并相互夸赞。原来，小俊妈妈说不用去医院，小康妈妈就去买了一贴膏药，说是贴在脸上不会留疤，还买了东西去看望小俊。在征得两位家长的同意后，家长会上，我把这件事说了，对两位家长进行表扬。

班主任有时会遇到学生之间发生了小摩擦，但自己不知道的情况。家长找班主任反馈的时候，他们心里是有不满情绪的，这时该怎么办呢？有一年，我就遇到了类似的情况。

晚托放学后，小绪爸爸给我发了一张照片，小绪的脖子上有一道红杠子，还破皮了。还有一条信息，说这是中午小孟给抓的。因为中午的午托不是我看的，所以我对事情并不了解。但我没有急于解释，先说："怎么这么严重？都破皮了,是不是很疼?咱孩子这是多能忍啊,天这么热,一出汗,一定很难受,他竟然一个下午都没跟我说。孩子在身边吗?我问问情况吧。"

我在夸孩子的同时,也让家长知道这个事情我是不知情的。经了解,我才知道,原来在排队去餐厅的路上,小绪和小孟因为插队问题起了摩擦,后面的小孟就用手抓了小绪一下,结果把他的脖子给抓破皮了。

一番沟通后,小绪爸爸发来信息:"事情圆满解决了,两个孩子已经和好了,老师费心了。"

十分钟后,我才看到这条信息。因为担心小绪爸爸对于我的"不作为"产生误会,我立刻给小绪爸爸打了电话,说:"我也有孩子,看到小绪伤成这样,我很心疼。我看信息不及时,以后像这种情况,请第一时间给我打电话。小绪太懂事儿了,一个下午都没有跟我说,也怪我粗心,没有及时关注。要不我把他俩的路队位置调开?"小绪爸爸说:"不怪您,知道您太忙了。不用调开,这不是什么大不了的事情。"

事情就这样解决了,后来,小绪爸爸主动申请加入班级家委会,为班级和孩子们服务。

我想,班主任与家长沟通时,能站在家长的立场去体会他们的心情,并拿出诚意积极解决问题,问题会迎刃而解的。

(五)巧借力,化矛盾

有时,家长会提出一些棘手的问题,班主任可以向家长借力,即通过倾听和引导,让家长表达其想法和解决方案。

家长提出问题的时候,班主任首先要保持耐心,认真倾听他们的诉求和担忧,可以诚恳地问问家长:"您觉得这个问题应该怎样解决?"或"您对这个问题有什么看法?"请他们出出主意。家长表达完想法后,班主任可以提出自己的建议,如"我有个建议,您看是否可行……"

真诚的沟通有助于班主任了解家长的真实想法,并让家长知道班主任的良苦用心。例如,座位问题是很多班主任都会遇到的。班主任也想了很多办法,如按照身高、性格、学习习惯等进行合理搭配,每周把中间和两边的座位轮换,但还是会有想得不周到的时候。

有一年,我们班的人数是单数,会有一个学生没有同桌。刚接这个班的时候,最后一个女生就是自己一位,她个子最高。我想,她自己一位也挺好的。

开学第二周,这个自己单独一位的女生家长给我打电话,很客气地说,孩子自己一位好长时间了,上学期就是这样,希望我能给孩子安排个同桌。首先,我对家长的想法表示理解。然后从家长最关心和担忧的学习谈起,我说:"虽然孩子自己一位,但我一直很关注她,不会耽误她学习,这点请放心。作业都是我来批,需要同学互相检查的时候,我们是以小组合作的形式进行的。"接着,我告诉家长:"我一直在思考座位问题,在思考如何安排更有利于孩子。但考虑到孩子个子最高,班级人数又是单数,我还没有想出更合适的安排。您有没有好的建议?"

家长说:"我理解老师,单数嘛,肯定得有一个人自己一位,但可以轮流着来。"我马上肯定了她的建议,说:"我们想到一块去了。"

学会借力,可以避免不必要的误会。像上面提及的座位问题,通过交流我了解到,偶尔让孩子单独一位是可以的,但不能一直这样。其实,从孩子的发展来说,家长的这个要求是合理的。

三　家校共育的原则——有话好好说

人与人的沟通,三分在内容,七分在态度。如果沟通时情绪和语气不对,有可能出现问题还没解决,却有了矛盾,甚至本来的小问题成了大问题,适得其反。因此,与家长沟通之前,班主任一定要调整好情绪,沟通时做到"有话好好说"。

(一)给予家长尊重

沟通时态度比内容更重要,班主任要注意跟家长交流的态度和语气,要尊重家长。班主任要做的工作是给家长一些帮助、信心和引导,共同把孩子教育好。班主任应在沟通前想好说什么、怎么说,要表达简洁,并注意耐心倾听。沟通时,要注意自己的语气、语调、姿态、表情,这些非语言信息反映的是老师对学生和家长的态度。如果家长能从中感受到自己被尊重,那么家长沟通的意愿会更强。离开了尊重,就谈不上平等,没有平等,就不会有心灵的交融,家校沟通就难以取得成功。

所以,班主任要站在学生的角度、家长的立场去解决问题,让家长感受到老师把学生当作自己的孩子来关爱,让家长体会到老师对家长的理解,体会到老师的良苦用心,问题就容易解决了。

(二)给予家长理解

班主任跟家长的沟通和交流,通常说的都是学生的问题。比如学生没写作业或作业写得很乱,有的老师会拿手机拍个照片发给家长;或者学生的卫生不好、纪律不好等,也找家长。家长收到的反馈大多是孩子表现不佳的一面,所以,很多家长害怕接到老师的电话。班主任要理解家长的心情,多向家长反馈一些孩子优秀或进步的方面。这有利于激发学生的内驱力,把好习惯保持下去。

(三)给予家长帮助

班主任希望学生越来越优秀,也希望通过家校共育来促进学生的成长。但有时会出现班主任就学生的问题与家长进行了沟通,但收效甚微的情况,这时,班主任应反思问题所在。

首先,班主任要注意区分什么样的事情可以公开说,什么样的事情需要私下交流。表扬的话可以公开说,不管是什么方面,都可以在班级群里大张旗鼓地说,要说得有根有据。批评的话就得私下说,单独跟家长交流,要和家长一起冷静分析原因,给家长支招,要说得有招有法,要让家长明白,老师是来帮他解决问题的,是来帮孩子进步的。

我们班有个调皮又敏感的男生。一次,他因为班级优化大师自己的分数不高,没得到喜报,回家哭了。他妈妈很无奈,给我打电话,让我帮忙安慰孩子。我问家长:"您是怎么跟他交流的呢?"家长说:"我跟孩子说,你已经很棒了,咱们继续努力。"我一听就乐了,说:"他会不会产生'妈妈也觉得我已经很棒了,那我为什么还没得到喜报'的错觉,所以更伤心呢?孩子需要的是帮助,不是没有说服力的表扬。""那该怎么做呢?"家长显得很无奈。我跟家长进行了长时间的沟通,耐心地指导她如何帮助孩子。

首先,家长可以说:"妈妈理解你此刻的心情,也知道你是个上进的孩子,在很多方面都做得不错,比如每天独立完成作业、自己洗袜子。"这是共情加鼓励,能迅速稳定孩子的情绪,给予孩子自信。

接着,家长可以和孩子一起分析优化大师分数低的原因,看看哪些方面存在不足,为接下来的努力做好铺垫。

最后,家长要和孩子讨论今后该如何努力,一起制订计划。家长负责监督并鼓励孩子坚持下去,从而帮助孩子养成好习惯,迎头赶上,成为更好的自己。

这样跟家长交流以后,他们就知道如何帮助和引导孩子了。

所有家长都想教育好孩子,但不少家长不知道如何教育,他们希望从班主任那里获悉一些好的方法和建议。如果班主任能够帮助和引导家长,实现家校携手共育,定会达到事半功倍的效果。

四　家校共育的案例——耐心见成效

从监狱预言到幸福感悟
——一个"问题学生"的重生之路

"想象一下,十年后的你会是什么样子?""在监狱里。要么因为打架,要么因为杀人。"这是一个六年级学生对自己的预言。一年后,他在日记中写道:"幸福是什么? 幸福就是互帮互助。让我们对别人好一些,让这个世界多一些幸福。"

本文通过一个"问题学生"转变的案例,总结了家校共育的有效策略和方法。

一、案例概况

小文十二岁。他最显著的特点是脾气暴躁,一生气就骂人、摔椅子、双手敲头、拳头砸墙,甚至用头撞墙。他上课要么睡觉,要么骂人。他不换衣服、不换鞋、不洗澡,每天身上臭烘烘的,隔老远就能闻到一股刺鼻的味道。

这是一个提起就令人头疼的学生,他稍不顺心就会大发雷霆。音、体、美老师因外出学习调课,他会破口大骂;同学不借他东西,他非打即骂;连国庆节调休导致的周日上课,他都要骂上一天。因为他的存在,任课老师在课前要深吸一口气并鼓起很大的勇气,再进入教室。有个老师曾说,每次想到第二天要到他所在的班级上课,要面对这个学生,就愁得睡不着觉或做噩梦。同学们更是唯恐避之不及,任凭他骂,没人敢出声。

我曾经跟他谈话,问他:"想象一下,十年后的你会是什么样子?"他脱口而出:"在监狱里。要么因为打架,要么因为杀人。"

二、成因分析

(一)家庭原因

小文父母离异,他由忙碌的爸爸照顾。小文爸爸经常一个星期才回家一次。小文有一部手机,用于和爸爸联系以及购买物品。

平时小文的吃饭、穿衣、睡觉、作息等问题都由他自己掌握。因为没人教育和监管,他连最起码的生活习惯都没有养成,不换洗衣服、不按时作息,更不学习。小文爸爸的教育方式简单粗暴,小文一旦有问题,他非打即骂,所以,小文脾气暴躁、脏话连篇。

有一次,一位老师在外面吃饭时偶遇小文。当时小文爸爸在和朋友吃饭,小文也跟着。小文看到老师,便和他爸爸说:"这是我的老师,我要不要过去打招呼?"谁知,同桌吃饭的一个叔叔告诉他:"走出校门,你的眼里就只认你爸爸,其他的人都不认识。"甚至故意大声让旁边的老师听到。对此,小文爸爸竟然默认了。在这样环境中长大的小文,自身原有的那份感恩之心和文明礼仪被消磨掉了。

(二)学校原因

从老师的角度来说,小文每天状况百出,经常跟同学闹矛盾,耗费了老师很多精力,老师找他单独谈话并对他施以小惩,但均未取得预期的效果。另外,小文爸爸并不配合学校的工作和老师的教育引导,令老师非常头疼。这样不但使得小文养成了不尊重老师的习惯,还让老师在教育小文的时候有所顾忌。

从学生的角度来说,大多数学生比较怕小文,有"惹不起躲得起"的想法,这也使得小文在班里越来越嚣张。

(三)自身原因

小文从小疏于管教,缺乏母爱。其实他的内心是渴望被肯定、被关注、被关爱的。一次填表,要填爸爸、妈妈的姓名和联系电话,他突然在班里大声嚷嚷:"我没有妈妈,真的,我没有妈妈。小明,你有妈妈吗?"小明也来自单亲家庭。一般的孩子是不愿意让别人知道自己来自单亲家庭的,但小文大张旗鼓地吆喝,脸上没有一丝悲伤。小文是真的不在意,还是因长期缺乏母爱已经麻木了呢?我在震惊之余,又心疼他。

还有他对自己十年后的"监狱"预言,也反映出他严重缺乏关爱和对未来的绝望,是典型的"破罐子破摔"心理。

一是情感缺失。他因为长期缺乏家庭关爱,未获得足够的情感支持,所以用问题行为寻求关注。骂人、摔东西、伤害自己成了他发泄情绪的方式。他通过压制、欺负别人的做法来掩盖脆弱的心。

二是未来认知的偏差。他对前途持悲观态度,缺乏人生目标和方向,自我设限,给自己贴上了标签。

三、教育过程

（一）家校共育前期准备

1. 观察、沟通与了解。

通过认真观察以及与上任班主任和任课老师的沟通和交流,我尽量从多角度、多方面了解小文的行为表现,分析探究他行为背后的真正原因,为接下来制定教育策略做好准备。

出现问题的时候,多听他的心里话,我会了解到很多。例如,迟到时,他说这几天住在爸爸的工厂里,机器乱得睡不着,早晨起晚了;不分场合地说话时,他说自己是在家憋的,因为很多时候他都一个人在家,不能说单口相声;欺负同学时,他说因为两人以前闹过矛盾,所以他一直看对方不顺眼,故意找碴儿……

耐心沟通,有助于我了解他这样做的真正原因,既能对他多一分理解,也能对症下药,从根本上解决问题。

2. 做好思想准备。

调整心态,降低期望值。小文存在很多问题,这些问题跟随他好几年了,我不能期望在短时间内解决全部问题。从他给自己的"监狱"预言,我看出了他"破罐子破摔"的思想。所以,我跟自己说,这是一场"硬仗",要打持久战。只要他有进步,我就该感到欣慰,我已做好反复抓、抓反复的准备。

有了心理准备,对他的要求自然就会降低,出现问题的时候,我就不会火冒三丈。我心平气和了,说话的语气和态度也易于他接受。

3. 实施关爱,情感感化。

亲其师,信其道。要想让学生遵守规则,就得改变他跟老师的关系,让他从心里感受到老师对他的关爱,佩服老师,愿意接受老师的教育和引导。

我像母亲一样从生活上关心他、帮助他,告诉他一些基本的生活常识。例如,要及时洗澡、换衣服,不光要换外面的衣服,内衣、内裤也得换,干净整洁的孩子才受人欢迎;看到他衣服破了,我会拿起针线给他缝一缝;雨衣、口罩、笔、稿纸等,只要他需要,我会不动声色地送到他身边,让他知道,老师一直关爱着他。

4. 感化家长,取得信任。

首先,"戴高帽"。第一次跟小文爸爸沟通时,他说自己出身书香家庭。我顺势为他点赞,让他一直保持在老师心目中的良好形象,这样,我在教育引导小文时,更易于得到他的支持和配合。

其次,多报喜、少告状。六年级的小文,全校闻名。对于孩子在校的不良表现,小文爸爸非常清楚;对于老师的电话和信息,他比较抵触。所以,我跟小文爸爸沟通时不"告状",而是将小文的进步及时告诉他,让他重拾对孩子教育的信心,并通过沟通,将教育理念一点点传递给他。同时让他感受到我对小文的关爱,逐渐取得他的信任和配合。

(二)制订家校共育方案

1. 建立家校沟通机制。

(1)日常沟通。我会通过打电话或发微信等方式,与小文爸爸保持日常沟通,及时分享小文在校的表现和进步,同时了解小文在家的表现。

联系但不打扰。我会和小文爸爸约定沟通的时间点,进步的方面每天都可以交流,但不轻易告诉他小文不好的表现。因为在过去的五年中,小文爸爸接到过很多老师的电话,抵触情绪比较强。我的原则是"小事不打扰,大事不动摇"。也就是说,和小文进行沟通就可以解决的问题,我便不跟小文爸爸说。但关乎原则性的问题,我绝不轻易松口,比如发生不尊重老师、打伤了别人、打碎学校玻璃等状况时,我决不让步。小事不打扰,大事才会不厌烦。

(2)情绪日记。我会和小文一起记录他的情绪变化和触发因素,让小文爸爸在家做好相应的记录,双方定期对比分析,寻找模式和解决策略。

2. 制订一致的行为管理计划。

(1)明确规则和后果。家校共同制定一致的行为规则和违规后果,清晰告诉小文行为标准,确保小文知道在任何环境下都要遵守一致的行为标准。

(2)积极行为激励。通过奖励制度鼓励小文展现积极行为,如让他在学校通过优化大师进行"行为积分"换取小奖励,请小文爸爸在家也采用相同的激励机制;又如对完成作业、不骂人、不打架、及时更换衣服等行为给予正面反馈。

（3）情绪控制约定。我和小文约定了一个暗号，就是想发脾气时看看老师，我一示意，他就离开教室。有时他正在发脾气，我就走过去，轻轻地拉起他的手，带他到教室外面冷静一会，然后我们再进行沟通。

3. 提供家庭教育指导和培训。

（1）帮助小文爸爸建立积极的亲子关系。把小文对父爱的渴望告诉小文爸爸，并创造机会让父子俩相互了解，增进感情。一次家长会上，我专门安排了一个环节，让学生给家长写一封信，说说自己的心里话。我鼓励小文，希望他勇敢地把心里话写出来。家长会上，我看到小文爸爸若有所思，会后，我单独跟他进行了交流，并把小文最近取得的进步说给他听。第二天，小文高兴地说，他收到了爸爸的回信。书信促进了父子俩的相互理解，增进了他们的父子情。我还建议小文爸爸与小文参加一些促进亲子关系和情绪稳定的活动，如共同进行户外运动、观看电影。小文爸爸再也没有让小文一个人在家待好几天了。

（2）为小文爸爸提供多方面的培训。例如，如何有效管理孩子的行为、如何与孩子进行有效沟通、如何交友，并告诉小文爸爸要改变其粗暴的教育方式，要对孩子有耐心。

4. 提供包容性的学习环境。

（1）允许慢慢进步。

我对小文的行为问题进行了梳理，从重点抓起。首先，我从安全入手，要求学生不准打架。这是给所有学生立的规矩，任何人不能例外。平时，如果看到小文想动手，我就用这条班规来提醒他。只要他控制住自己的情绪，我就会进行鼓励，以此带动小文在其他方面的进步。同时请小文爸爸在家里也这样做，先抓重点，不必面面俱到，允许小文逐渐进步。

（2）单独制定标准。

对于小文来说，多年养成的坏习惯，想马上改正是不现实的。所以，让他用统一的班规来要求自己有些难。于是，我和他一起制定属于他的标准。原则性问题不让步，如打架、摔凳子、骑自行车上路，一旦出现他就得接受惩戒。其他方面的要求，我会稍微放松。例如，其他同学要完成作业并认真书写，他只要完成就可以；上课时其他同学要认真倾听、积极发言，他只要上课不睡觉、不扰乱课堂秩序就可以；他一星期不发脾气，加两分，一星期不说脏话，加两分。

一开始对他的要求应尽量低一些,让他看到希望,不至于破罐子破摔;达到目标后,再把要求适当提高,一点一点进步,逐渐养成习惯。

(3)激发动力,重新定位。

首先,用语言打动他。小文经常说自己爱打架。怎么改变他给自己贴的标签呢?我努力发现他的优点,并加以赏识和肯定。"你怎么这么说自己,我可不这么认为。我发现你有很多同学不具备的优点,那就是信守承诺。你答应我不再欺负小成,你就做到了呀。""我发现,每次跟你谈话的时候,你不仅思维敏捷,还出口成章,可见你平时没少看书。你的进步我和同学们看在眼里。"

我还在班里引导任课老师和同学多发现他的优点和进步,并记在班级的"幸福日记"中。

"今天美术课上,小文帮老师整顿纪律了。"

"体育课上,我的脚崴了,小文背着我从操场回到了教室。那么远的路,他还爬了三层楼,气喘吁吁。我好感动啊!"

"我的笔爆墨了,小文主动帮我擦了桌子、拖了地。感谢小文。"

发现优点,给予赏识和肯定,能为他积极赋能,让他重新为自己定位。

其次,用活动来激励他。我在班级开展了评选"行为习惯进步之星"活动,让每个学生找出自己最想取得进步的一个方面,然后找同学监督和评判自己。达成目标者,可得到喜报和奖状。我看到小文跃跃欲试,于是,抓住机会,让他先学会控制自己的情绪,不打架、不骂人、不伤人。他同意了,开始约束自己的行为。每当他有反复的倾向时,我就及时示意他、提醒他。

最后,用职位来约束他。当我发现他在各方面都取得了一定的进步后,我想到了角色效应,想让他当纪律班长,于是,我鼓励他参加班干部竞选。

"老师最近一直在观察,发现你进步很大,没有打架,也很少骂人。现在班里缺少一位纪律班长和一位卫生委员,你愿意为同学服务,成为老师的左膀右臂吗?下周班干部竞选,希望你能参加。"

竞选的时候,他真的参加了,还当选了纪律班长。于是,我跟他约法三章:当班干部,首先要以身作则,不打架、不说脏话、不扰乱课堂。管纪律时不专制、不暴力、不动手打人。他答应了,也做到了。有时,他在纪律上做得不好,我就说:"你是班干部,要以身作则。"他便会快速调整自己的状态。

四、教育效果

（一）家长理念的转变

亲子关系改善了很多，小文爸爸不再让小文单独在家了，也开始关心班集体了。一次集体活动要求穿校服，小文爸爸主动在班级群里问其他家长在哪里能买到校服。对于从来不穿校服且对穿校服等规定愤愤不平的他来说，这是第一次。后来，他还主动请教如何正确教育孩子。

（二）孩子行为习惯的改善

经过为期一年的家校共同努力，小文在学校和家里的行为有了明显的改善，他的衣服干净了、身上没有异味了、发脾气的次数减少了、几个月没有打架了、很少说脏话了……以前课间天天骂人的小文不见了，他现在逐渐能控制自己了。他感觉脏话要出口时会自己捂住嘴巴，不再到卫生间偷偷欺负人了，在语、数、英的课堂上能安静听讲了，在其他课堂上能帮老师维持秩序了，开始写作业了，期末还评上了班级"行为习惯进步之星"，小文的进步真不小。

（三）孩子对"幸福"有了自己的感悟

我们班的"幸福日记"里记录着每天发生的美好事情。以前，小文对此不屑一顾。有一天，他主动要去了本子，写下了自己对"幸福"的理解：

什么是幸福？对于一个乞丐来说，一顿热腾腾的饭就能让他感到幸福。对小猫、小狗来说，主人的抚摸就能让它们感到幸福。对我来说，幸福又是什么呢？吃好吃的？打游戏？睡大觉？不是，都不是。这些只能让我感到快乐，但不能让我感到幸福……

同学的帮助、老师的关心、爸爸的疼爱、朋友的友谊……这些对我来说都是幸福啊！如果你对别人好，别人就会感到幸福。幸福就是要互相帮助。让我们对别人好一些，让这个世界多一些幸福，让我们互帮互助，让这个班级成为幸福的班级。谢谢那些帮助过我的同学，因为有了你们，我们的班级才美好。还要谢谢王老师，因为有您，我们才有这个幸福的班级。

五、反思与建议

（一）不离不弃

冰冻三尺，非一日之寒。"问题学生"身上的问题，不是一两天形成的，想完全解决，绝不可能立竿见影。所以，对这些"问题学生"，班主任要有耐心、有信心、不放弃，要带着放大镜找优点，只要有进步，哪怕是一点点，也要加以鼓励。

（二）恩威并施

小文这样的"问题学生"不缺说教,缺的是关爱、尊重和具体的指导。他们不仅需要学习上的关心和帮助,更需要心灵甚至生活上的指导。所以,在和这类学生相处的时候,班主任要给予他们足够的尊重,无论是帮助还是批评,都要悄悄地进行。

当知道小文没吃早饭时,我会把他叫出门外,悄悄地告诉他:"老师给你准备了面包,你趁着课间我带同学们出去做操的时候,一个人留在教室里,悄悄地把它吃掉吧。"我每次都轻轻地告诉他,有问题可以随时找我。

对于需要指出的问题,我都是单独和他谈心,从不当众斥责,也不公开批评。

除了给予小文足够的爱心、耐心和指导,我还会培养他的规则意识,刚柔并济,恩威并施。

（三）家校合力

"问题学生"身上的问题,有很多是家庭原因导致的。所以,对他们的教育和辅导,单靠班主任是很难有明显效果的。家长的支持和配合是家校共育成功的关键。在本案例中,老师的关心、同学的帮助,给了小文巨大的精神力量。家长的陪伴和亲子关系的改善,也让他感受到了亲情,懂得了感恩,促使他逐渐发生着改变。

"幸福就是要互相帮助"是那个曾经预言"十年后会在监狱里"的小文在日记里写下的感悟。当他把自制贺卡悄悄地放在我办公桌上时,那个满身是刺的"问题学生"已然蜕变为懂得感恩的少年。这个案例启示我们:教育不是纠正错误,而是唤醒灵魂。当教育者用持续的关爱打破负向预言,用信任重建破碎的自我认知时,每一只迷途的羔羊都将找到归途。未来的路上,小文或许还会遇到挫折,但他心中那簇被点燃的希望之火,将永远照亮前行的方向。

"爱哭鬼"不哭了

一、情况分析

小昕十岁,四年级开学转入我班。他敏感爱哭,每天噘着嘴巴、皱着眉头,经典动作是用袖子擦眼泪。上课几分钟了,他的课本还在书包里,老师提醒一句,他就哭了,老师问他为啥不写作业,他从不回答,只是掉眼泪。再问,他就用双手捂着耳朵,甚至把自己关进厕所里,哭半个多小时。同学们私下叫他"爱哭鬼"。

小昕小时候是跟爷爷、奶奶一起生活的。他妈妈说,奶奶比较宠爱他,从小就由着小昕的性子来。比如要吃饭了,小昕还没玩够,奶奶会耐心地等他玩够了再过来吃饭,给了他极大的自由和空间,直到现在都这样。他放学回家先玩,玩够了才开始写作业,还不让家长看。一旦催促或者检查作业,他就会哭泣,甚至发脾气。

小昕有个大他三岁的姐姐,各方面都非常优秀,爸爸、妈妈经常会把他跟姐姐比较,特别是小昕表现不好时,总说:"你看看姐姐,多省心。你连你姐姐的一半也不如。"每当听到这些话,小昕就会流眼泪、发脾气。

二、原因分析

（一）家庭环境影响

1. 爷爷、奶奶的溺爱。

小昕由爷爷、奶奶带大,由于隔代亲,二老常不自觉地溺爱孩子,没有给他建立规则意识。小昕习惯了以自我为中心,只要不合心意,心里就不舒服,就哭闹、发脾气。他将这种自我带到了学校。什么要求在他这里都不管用。上课了,他的书、本子、笔还没拿出来;体育课说不想去,就不去了;经常不写作业,他沉浸在自己的世界里。一旦打破他的自我,他就会哭泣、发脾气。

2. 爸爸、妈妈总是将他与优秀的姐姐进行比较。

他的爸爸和妈妈发现了小昕的问题,并费尽心思对其进行了教育,但总是收效甚微,他们非常着急,也很苦恼,会不自觉地把反差巨大的两个孩子进行比较;还会在生气的时候把这种比较说出来,给小昕造成了心理压力,让小昕产生了自卑心理。所以,当别人提醒他的时候,他就会觉得这是在嫌弃他、嘲笑他、说他笨,也因此委屈生气甚至发脾气。

小昕曾说自己就是笨,不如姐姐聪明。这说明他比较自卑,还极度敏感,特别在意别人对他的看法和评价,哪怕是同桌和老师善意的提醒,他都当成一种嘲笑,会充满敌意。

（二）自身性格原因

小昕是一个比较内向的男生,平时总是安安静静的,喜欢看看书、发发呆,沉浸在自己的世界里。他不爱学习，经常不写作业，上课很少发言。他喜欢独来独往，所以朋友不多。他不善言谈，遇到问题不爱解释，只会流眼泪。

（三）学习压力大

小昕学习基础比较薄弱，加之学习习惯不好、学习兴趣不高，导致他各科成绩很低。他不善沟通、不爱请教，自卑又敏感，老师和同学提醒和帮助他的时候，他认为大家在嘲笑他，从而产生抵触心理。

三、辅导策略

（一）尊重学生，多共情

当他发脾气的时候，我会多听他怎么说，让他把心中的委屈说出来。这样才能找到原因并对症下药，同时让他感受到我对他的尊重，从而信任我。比如当他把英语书踩在脚下，边哭边喊"我讨厌英语"的时候，我没有大声呵斥他，而是一声不响地走到他身边，捡起英语书，拉着他的手，领他走出了教室。

我轻轻地问他："今天这是怎么啦？是不是心里特别委屈？"他的眼泪哗哗地流了下来，说英语老师让他把单词抄两遍。

我问："是所有同学都抄，还是只让你抄呢？"他说只让他抄。

"老师只让你抄，你感觉不公平对吧？那你再想一想，为啥只让你抄呢？"

小昕说："因为我没带英语卷子、没写作业。"

我说："那咱俩换位思考一下，你是老师，我是那个没带卷子、没写作业的学生。你会怎么做？"小昕不作声。

"老师可以有两种处理方式：第一种是不管他了。这样会出现怎样的结果呢？这个学生以后可能会经常不写作业，最终英语成绩一落千丈。第二种是这个学生能够学好，老师要管管他，让他的英语成绩更好。为了让他养成好习惯，老师得让他写写单词。你觉得哪种做法更有利于这个学生发展呢？"

长时间的沉默之后，我又问他："其实你知道英语老师是对你好的，你只是不喜欢老师的这种方式，对不对？"他说："是的。"

"我想，英语老师也不喜欢这样做，她也希望你能把卷子带来，把作业写完。那你觉得自己以后要怎么做？"他说："带英语卷子，认真把作业写完。"

我首先站在小昕的立场上认同他的情绪，同时让他把心中的委屈说出来，这样，他的情绪得到了缓解，我再因势利导、帮他分析，疏通他心中的淤堵，他的心情也就平稳了。我相信，老师的共情和尊重会得到学生的信任，并为以后的交流打下基础。

（二）教给方法，多帮助

我告诉小昕，要以适当的方式表达自己的情绪。

1. 可以通过绘画、写日记等方式来疏解情绪。

2. 可以用转移法来缓解情绪。例如，可以暂时离开教室，去外面走一走、坐一坐，分散注意力，缓解负面情绪，让自己平静下来。

3. 感到愤怒时，可以闭上眼睛，还可以尝试深呼吸或想一想其他事情。

（三）家校携手，共成长

我跟小昕妈妈进行了多次沟通，针对小昕的情况，我们达成了一致的意见。

1. 不比较。

不把小昕跟姐姐进行比较。每个孩子是不同的个体，要多发现小昕的优点，进行鼓励，减少小昕的自卑心理。

2. 改善亲子关系。

平时，爸爸、妈妈和小昕相处的时候，要多以尊重的语气说话，让小昕感受到爸爸、妈妈对他和姐姐的爱是一样的。

3. 培养小昕的规则意识。

告诉他，上课有上课的规则。上课就要认真听讲，作为小学生，他要认真完成作业，并在规定的时间内高质量地完成。爸爸、妈妈在家里也要培养小昕的规则意识。比如到了吃饭时间，不能因为他没有玩够，全家人等他。

4. 教小昕做规划。

放学回家，他要先写作业，然后再去玩，而不是玩够了再写作业，否则会导致书写潦草，正确率也不高。

5. 全家人的教育观念要一致。

不能爷爷、奶奶松，而爸爸、妈妈严。不能爷爷、奶奶给予小昕无限的自由，爸爸、妈妈则用规则要求他。这样小昕始终处在矛盾中，不知道如何做才是正确的。全家人要对小昕的教育保持一致性原则。

现在，小昕的脸上逐渐有了笑容，跟同学相处得越来越好了；作业质量不高，但每天都能完成；对于老师和同学的提醒，他也能接受了。小昕妈妈说，小昕在家能先写作业后玩了，小昕有什么想法也愿意跟她交流了，不是一味地哭闹、摔东西了。

四、辅导反思

（一）家庭教育

父母要采用正确的教养方式，制定统一的教养规则。有二孩的家庭，父母要注意不能过多地将两个孩子进行比较。因为每个孩子有自己的特点，不能用一个孩子的优点去比较另一个孩子的缺点，这样容易让孩子产生自卑心理，从而爆发情绪问题。同时，父母要在孩子面前控制好情绪，做孩子的榜样。

（二）家校协同教育

孩子出现情绪问题的时候，要家校携手，共同寻找问题的症结，采取合适的方法。每一个孩子的心理健康，都离不开家校的协同教育。

（三）找到病因，对症下药

班主任和家长要善于观察和分析孩子的人际关系和情绪控制能力，深入探究原因，采取合适的方法。

例如，孩子有自己的小心思，闹情绪时会偷偷观察老师和家长，也在不断地试探老师和家长的底线。所以，对于那些爱闹情绪、不能很好地管理自己情绪的孩子，除了要对他们进行心理疏导、教授方法，还应该让他们知道闹情绪的后果。班主任和家长不能以控制不了情绪为由放松对孩子的要求。比如一些原则性问题，不能因为孩子哭一哭、闹一闹，班主任和家长就做出让步。

总之，班主任和家长要不比较、不打击、多帮助、立规矩，逐步引导孩子管理好自己的情绪。

五　共育路上的沟通——守护孩子成长

安全教育篇

各位家长：

大家好！

今天我们交流的主题是"用研究的方式陪伴孩子成长——安全重于泰山"。"研究"主要是老师的研究，"陪伴"主要是家长的陪伴。这两方面彼此相关，需要我们共同参与。

提到安全教育，大家可能会想，每次家长会上老师都讲安全，无非就是安全责任书签名、完成安全教育平台作业、读一读每周末的安全提醒短信……做好了这些，就可以了吗？

一、交通安全

请大家看屏幕，这是老师在值班时发现的几个现象，看完这些，您觉得孩子所处的环境安全吗？那些违规乱停的车辆，不光将自己的孩子置于危险之中，也给其他孩子和家长带来了危险。还有些家长将车停在马路左侧，自己在车内玩手机，让孩子横穿马路找家长的车。说实话，上学期我们班有些家长做得也不好，经过沟通，大家都注意了。据我了解，这里面还真没有我们班家长和孩子的身影，为大家鼓掌！

其实，大多数家长做得很好，一直规范停车，孩子们也严格遵守交通规则。孩子们的不同表现体现了什么？

一是个别家长的安全意识不强，存在侥幸心理，认为自己经常这样也没什么事。是，没事很好，可一旦出了事，就是大事！有的家长可能说，我有要紧事，或是出门晚了，孩子要迟到了。其实，越是着急慌乱的时候，越容易出事。因此，不管在什么情况下，请大家做到安全第一。

二是家长没能给予孩子足够的关爱。

可能有的家长不认同这一观点，认为每次学校有活动，自己都请假参加，怎么还说自己对孩子不够关爱呢？我们来听听心理学专家是怎么说的吧。

北京师范大学心理学院教授、博士生导师张日昇认为，婴儿不离身，幼儿不离手，少年不离眼，青年不离心，中年不离口，老年不离伴。婴儿不离身，是要让婴儿感到安全，他们只有在妈妈的怀抱中才感觉安全；幼儿不离手，是幼儿有了一定的自由度，但因自我保护能力很弱，所以仍然需要父母的牵手；少年不离眼，是少年有了自己的伙伴，有了自己的主见，父母应该给予他们生活空间，但他们仍然需要父母的相伴，此时父母要用柔和的目光注视着他，让他感觉到父母的爱。

现在我们再来反思，对于孩子的成长，您做到足够关爱了吗？

在安全方面，我们要做到的是不离手、不离眼、不离心。

不离手。比如外出旅游时、人头攒动时，要牵着孩子的手。这方面我们班很多家长做得很好，每天上学、放学都接送孩子，安全意识非常强。

不离眼。要时刻关注孩子的一举一动。

不离心。用心关爱孩子、研究孩子。

安全，归根到底就是要给孩子一个安全的成长环境、一个安全的童年，这一点，家长责无旁贷。在学校，老师每天苦口婆心地进行安全教育，恨不得多长一双眼睛时刻看着孩子，确保万无一失。家长要怎么做呢？第一，要有强烈的安全意识。第二，要有一些安全保护措施。第三，要做孩子的榜样。

我们要达成共识，开展家校合作，给孩子营造一个安全的成长环境。总有一天，孩子要走上社会，那时，他们能否很好地遵守交通规则，能否保护好自己？我们现在正是给孩子立规则、做榜样的时候。

建议家长做到以下几点：

（1）右侧规范停车，做孩子的榜样。

（2）孩子下车前整理、清点好自己的物品，以免发生忘带东西要跑回车内拿的情况。

（3）让孩子坐在右侧，下车方便。孩子下车后不要跑，养成良好的安全习惯。

（4）提醒孩子在开车门前，看看有没有人或车辆经过，教给孩子一些安全常识。

（5）就算迟到了，也不要违反交通规则，让孩子有规则意识。

二、防溺水教育

天气越来越热，防溺水是安全的重中之重，请大家一定重视，并时刻放在心上，做到不离心。（播放防溺水课件）

看了这些溺水事件，大家的心情是不是很沉重？前段时间，家长从网上搜集了一些溺水案例，并对孩子进行了教育。希望今天通过这种方式，能引起各位家长的足够重视。

我相信，每个家长都深深地爱着自己的孩子，但大家有没有发现，这些溺水事件多发生在需要家长监护的时间，要么是周末，要么是假期。为什么家长的监护会无效？各位家长是否真的做到了不离心呢？您熟悉小区周围的环境吗？知道有哪些水域存在安全隐患吗？老家周围哪些水域有危险呢？请看，这是我们周围存在安全隐患的水域，严禁家长带孩子去玩。（展示课件）

今天，我们重点以交通安全和防溺水安全为例，让大家明白怎样才能做到不离手、不离眼、不离心。其实，大家可以通过每天跟孩子的交流来了解孩子的安全情况。比如每天问孩子几个问题：你遵守交通规则了吗？今天没有高兴的事？有没有烦心的事？你发现了哪些危险现象？如果大家从交流中发现了安全问题，请及时告诉我。我们家校联手，共同为孩子营造一个安全的成长环境。

品格培养篇

各位家长：

今天我们交流的主题是"用品格点亮生命"。

今天有个特殊的要求，请大家记录自己孩子的优点。一是记录孩子已经具备的优点。从三个方面来记录：第一，今天三位老师总结到的自己孩子的优点；第二，三位老师没有及时发现或没有梳理出来，但孩子已经具备的优点；第三，孩子尚未具备，但您希望孩子具备的优点。然后请大家回家告诉孩子："这是老师发现并在家长会上表扬的你的优点，你要继续努力，保持住这些优点。"

为什么这样做呢？美国心理学家马斯洛认为，人的基本需要包括五个层次，分别为生理需要、安全需要、归属与爱的需要、尊重的需要和自我实现需要。这五个层次是逐步实现的，得到表扬会激发新的正向动机，老师的表扬能满足学生的成就需要，激发他们的荣誉感和上进心。

我的教育理念是要成才，先成人。无论我们希望孩子长大后成为怎样的人，首先，他（她）应该是一个品格高尚的人。我们学校非常重视品格教育，努力把学生培养成一个有文化、有自信、有高尚品格的人。"用品格点亮生命"一直是我们的口号，学校还提出了"全员育人"的要求，即所有任课老师和工作人员共同育人，学校和家庭携手育人，关注点点滴滴的小事，努力做到时时刻刻让孩子有所收获。下面我把这学期我们的做法跟大家交流一下。

一、学科渗透

课文是很好的载体，能够渗透不同方面的品格教育。比如《做一片美的叶子》就是教育孩子尊重自己的好教材。孩子们说，我们的班级就像一棵大树，每个同学就像叶子，每个人都要做最美的叶子，这样，我们班级这棵大树就更美了！

学习《云雀的心愿》，通过小云雀想把沙漠变成绿洲的强烈愿望，让孩子明白保护森林的重要性,然后引导孩子反思自己在保护环境方面还有哪些可以做得更好,将道理转化为行动。

通过体验作文《护蛋行动》,让学生感受保护鸡蛋的困难,从而体会父母的不易,懂得感恩。

二、活动培养

学校开展活动的原则是全员参与、陪伴关注、激发兴趣、育人育品格。学校通过开展各种活动,为孩子们提供展示的舞台,培养他们的优秀品格。

(一)"我与种子有个约会"

孩子们积极参加这个活动,忙着种植、浇水、观察、记录,他们不断地体验着那份等待、焦急、欣喜、遗憾的心情。寒假里,他们每天发照片,开学后的展示环节,他们精心地包装和设计。(播放照片)漫长等待后的惊喜是令人难忘的。不管结果如何,他们收获的是体验,这种体验是最难得的。很多孩子把这种体验写进了日记。文畅、铭阳、佳琪、若溪等人一直坚持记录。振昱的苗苗死了,但他一直坚持写日记,从开始的期待、发芽后的欣喜,到最后的枯萎,他都拍照并记录下来了。展示的时候,他拿来了空花盆,里面有一面小旗,上面写着:"我的小花去了天堂,我没有照顾好它,对不起!"多么善良、诚实的孩子,坚持的精神最可贵!要开学了,可一航的种子始终没有发芽,他急得直哭。他不明白,自己每天都去看它,还经常浇水,给它晒太阳,它为什么就是不发芽?

孩子们感觉照顾种子很辛苦,于是,我趁机对他们进行教育:"同学们,你们比种子娇嫩多了。你们从一个小婴儿长到现在,爸爸、妈妈照顾你们是不是更辛苦?"孩子们点了点头。

这项活动不仅让孩子们有了深刻的生活体验,也让他们懂得了很多道理。

(二)少先队献词活动

这个活动时间紧、任务重,三年级到五年级的学生都会参与。有时,我班学生一天要训练好几个小时,但他们没有一个乱动的,都坚持了下来,最后得到了好评。在这一过程中,我始终陪伴在他们身边。上完课,我跟他们一起训练,没空批作业,我就把作业拿到阶梯教室,抽空批一两本。这一活动培养了他们团结协作、服从指挥、尊重他人、坚持不懈的品质。

(三)古诗大赛

这一活动更多地体现了孩子们良好的学习习惯和学习品质。古诗背诵不是一蹴而就的,靠的是平时的积累。孩子们背诵的古诗数量有明显的差距,如一百首以上的有五人,九十首以上的有四人,有的孩子只背了二三十首。

在这一活动中,孩子们积极参与出题。其实,出题的过程就是学习和成长的过程。第一轮比赛的所有题目都来自孩子和家长。感谢各位家长的参与,大家这就是在陪伴孩子成长。

比赛那天,孩子们很兴奋,特别是振昱,他以一百四十六首的绝对优势赢得了"古诗王中王"的称号。现场有十个孩子拿着振昱的古诗自查表随机抽查,他们很会提问,专挑难的问,不管问到哪一首,振昱都落落大方,脱口而出。那份自信,让现场的老师和同学记忆深刻。

比赛结束总结时,我对孩子们说:"其实,只要你们想,也可以像振昱那样大显身手。以后比赛机会还会有,你们要怎么做?"佳林在座位上很遗憾地说:"我差两首诗就可以上去参加抢答赛了!就差两首诗!"边说还边伸出两根手指。我想,下一次他们会尽自己最大努力去争取每一个机会。

(四)亲子运动会

这项活动体现了孩子们的诸多优秀品质,如规则意识、团结协作的精神、尊重裁判的品质。各位家长的陪伴更是给孩子们做了很好的榜样。团结协作、努力拼搏,这些深深地影响着孩子们。借着这项活动,我对孩子们进行了教育。

首先是感恩教育。我知道,许多家长是请假参加的,爸爸、妈妈来了,孩子们很兴奋,可以看到他们脸上灿烂的笑容,特别是彩排那天。我对他们说:"爸爸、妈妈工作很忙,他们宁可后期加班赶工作进度,也要来学校陪伴你们,你们要懂得感恩。"

其次是理解、体谅爸爸、妈妈的不易。有些家长实在忙得走不开,我就跟孩子说,要体谅和理解爸爸、妈妈。振凯提前跟我说:"王老师,我妈妈怀小宝宝了,可能无法参加运动会,爸爸很忙,也无法来。"我说:"你怎么想?"他不作声。我说:"你觉得爸爸、妈妈爱你吗?"他点点头。"那就体谅和理解爸爸、妈妈,如果那天他们真的来不了,我临时给你安排个'家长'和你一起完成项目,好不好?"他笑着点了点头。

孩子可爱,是因为有一群可爱的家长。这么长时间了,我和大家相处得非常愉快。孩子们小,难免有摩擦,但各位家长很大度,从来没有因为这些小事斤斤计较。班级工作很琐碎,我做的不一定尽如人意,但大家有事都是私下跟我聊，出谋划策。我们的目标是一致的，就是让孩子们越来越优秀，让我们的班级越来越团结向上。在此，表扬一下我们班的家长。智涵妈妈非常细心，给班级带来了消毒水、创可贴。她的细心传递给了智涵。从这里我们深深地体会到"父母是孩子的第一任老师"。您想让孩子有什么样的优秀品格，自己就先做一个什么样的人。这就是言传身教的力量。

本次运动会得到了各位家长的大力支持。振昱爸爸和佳芮妈妈给孩子们买了矿泉水。家委会积极出谋划策，特别是骁飞妈妈，组织号召能力特别强，考虑周全且分工明确，令人佩服！相信在妈妈的耳濡目染下，骁飞的组织能力差不了。各位家长很有眼光，我们运动会的服装，从孩子到家长，是全场最抢眼的！很多老师都说咱班的衣服真靓！我说，那是我们班的家长有眼光。兆福爸爸为所有孩子拍照、整理照片，当天中午就把一部分照片打印出来了。神速！彩排那天，振昱爸爸忙前忙后，把最精彩的瞬间抓拍了下来，让没有参加彩排的家长像到了现场一样。王易妈妈腿疼，彩排请假，但比赛时忍着疼痛陪孩子跑了接力，这种克服困难的毅力令人佩服。振凯妈妈怀孕，仍然坚持陪伴孩子参加运动会，很感动！这个时候，比赛结果已经不重要了，有大家的参与和陪伴，有孩子们脸上的灿烂笑容，已足够。这让我想起了上学期的亲子朗读，坤妤妈妈当时怀孕八个多月，仍然陪伴坤妤在全校展示朗读。大家的付出，孩子们看在眼里，润物细无声，假以时日，定会对孩子们产生潜移默化的影响。感谢大家，你们的心中装着我们班所有的孩子。我们的班级就像个大家庭，让人感到温暖。我是幸运的，遇到了大家！感谢大家对我的信任、对学校和班级工作的支持！请大家把掌声送给自己！

三、细节引领

作为班主任，我跟孩子们接触较多，发现他们身上的优点和问题也较多，我会随时随地进行引导。

比如上课时有孩子想上厕所，出去后随着一声"砰"，教室的门被关上了。这时，其他孩子的注意力一下子被吸引了，眼神不自觉地看向门口。等上厕所的孩子回到教室，其他孩子的目光会再一次被吸引。这时，我会引导孩子们讨论：遇到这种情况，该从哪个门出入？前门还是后门？为什么？怎样关门，才能不打扰别人？孩子们马上就能意识到要从后门进出，并要轻轻关门。

又如，班里有人生病了，会有同学主动帮他（她）打扫卫生，把他（她）的书包收拾好,送到传达室;有人崴脚了,马上会有同学主动搀扶。这些美好的事情我会及时在班级进行鼓励,从而影响和带动其他同学。每天下午放学,孩子们会将椅子搬到桌子上,便于清理卫生。但第二天早晨孩子们到教室以后,椅子往往是搬下来了的,是来得早的同学搬的。一开始,有孩子主动为同桌放下了椅子,我就及时进行了表扬。慢慢地,更多的孩子加入进来。正所谓,人人为我,我为人人。早读时,我们班的教室里只有琅琅的读书声,没有放椅子的嘈杂声。

孩子的进步是我们共同的心愿,感谢大家一直和我一起努力着。这次运动会,大家不仅陪孩子参加比赛,还和老师一起观察、发现孩子的优点;不仅关注自己的孩子,还关注别的孩子,并且做了详细的记录。在家庭生活中,我们也可以时刻关注孩子的品格和学习。今天发的表格,请大家坚持记录,及时拍照并反馈给各科老师,我们会及时反馈给孩子们。让我们携手,让孩子越来越优秀!

六　温暖人心的故事——被认可的幸福

未悬挂的锦旗

早晨,维玮一进教室就神秘地递给我一个长长的红色的东西。她说爸爸、妈妈做了一面锦旗,感谢我昨天对她的关心。

同学们围了过来,纷纷要我打开看看,我把那面锦旗展开。全班同学哇的一声,随即响起了热烈的掌声。可以看出,他们的眼里充满了对老师的崇敬,有的还向我竖起了大拇指。溪原说:"王老师,我昨天看到您背着维玮往下跑,我还想,您怎么那么有劲啊!不累吗?"

昨天第一节课上,维玮突然肚子疼得厉害,我第一时间联系家长、联系车辆,把她从三楼一路背下来,很快送到了医院。

从教三十多年,这种情况我是第二次遇到。第一次是在2010年,我教六年级。一次课堂上,有个学生突然晕倒了。那时候的我,比较年轻,背起学生就往校门口赶,搭乘学校的校车将学生送到了医院。这次,我也不知道自己哪来的那么大的力气,就感觉必须第一时间把她送到医院。医生检查完,我守在维玮身边,看到她不再喊疼,也不再挣扎,我反而更加担心,一直握着她的手,轻轻地跟她说着话:"维玮,怎么样?还疼吗?"维玮有气无力,只能朝我点点头或摇摇头，我非常心疼。

很庆幸那天的第一节是我的课，尽管每节课间我都会去教室，但学生生病的时候，一分钟也耽误不得。也很庆幸我穿的是运动鞋，方便背着她一路小跑。看来，班主任和运动鞋是绝配哦！

一个学生的问题拉回了我的思绪："王老师，您是不是平时练铅球啊？"我先是一愣，紧接着笑了。我想，所有班主任都会在学生需要的时候变成大力士吧！

昕宛一个劲地说："王老师，把锦旗挂起来吧，挂起来吧。"我说："咱们没有合适的地方挂呀！"她从我手里"抢"走了那面锦旗，迅速地跑到教室的后面，指给我看，"王老师，就挂这里，就挂这里好了"。

到了晚上，我收到了维玮妈妈的信息，她给我发了很长的一段话："王老师，维玮好些了，一直跟我讲您背着她从楼上下来的过程，说您握着她的小手，一直和她说话。她眼中满是对您的爱，我也跟着掉眼泪。此时此刻，我的心里充满感谢和感动，我和维玮爸爸说，能遇到王老师是维玮的幸运，是我们父母的幸运，辛苦您了，非常感谢！维玮很喜欢您，有您这样的好老师，她也会很棒的！我和维玮爸爸做了一面锦旗，本应当面给您并致谢，因进不去学校，故让维玮代表我们送给您，非常感谢您！祝您工作顺利，身体健康！"

读完，我的眼睛湿润了。看得出来，维玮爸爸、妈妈的感谢是发自内心的，他们是朴实的人，没有大张旗鼓地宣扬这件事，但又想表达内心的感激，便让维玮悄悄地拿来了。其实，我也不愿意张扬，我把这份感谢悄悄地放在了心里。我没有如学生所愿把锦旗挂在墙上，而是把它整齐地卷了起来，放在了教室的书橱上。

就像我跟维玮妈妈说的那样，我是老师，也是母亲，看到孩子难受，不自觉地会心疼。那一刻，她不是我的学生，她就是我的孩子。我只是做了一个老师、一个班主任、一个母亲应该做的事情。我想，哪位老师遇到这种情况都会这样做的。

被"跟踪"的幸福

晚托放学，我走在回家的路上，手机有信息提醒。过了马路，到了一个安全的地方，我停了下来，打开信息正准备回复，突然一个声音轻轻地响起："您就是王老师吧？"我一惊，抬头一看，是一个年轻的女人，推着一辆自行车，笑着看着我。见我没作声，她又问了一句："您就是四年级的王老师吧？"看来她不是很确定。那一瞬间，我的大脑飞速运转，声音好熟悉啊！这是谁？她怎么认识我？我警惕地问："您是哪位？""我是小泽妈妈。""哦！"我长舒了一口气，问道："请问，您有事吗？""这是我老家寄过来的棉被，想送给您。"我这才注意到，她的自行车上有一床崭新的棉花被，洁白的棉絮清晰可见。我忽然想起，好多天前，小泽妈妈打电话说过这事，我婉拒了，但她还是拿来了。

放学很长时间了，我一路上还跟几个自己走路回家的学生聊天，走得慢慢腾腾的。她就这样一直跟着我？

"您'跟踪'我？"我脱口而出。

"我本来是想给您送到家的。"她不好意思地说。

原来她是想一路远远地跟着我到家门口，然后把被子给我。看到我在路边停下了，就走上前了。

我当然不能接受。推辞中，她一直说："就是想感谢您。本来想给您送回家的。"小泽妈妈显得有些手足无措，一时不知道该说什么。看得出来，她是个很淳朴的人。我怕她多想，赶紧表达谢意，然后表明观点，无论如何也不能收，并告诉她，等小泽上高中，要住校，被子就派上用场了。

看着她离去的背影，我陷入了沉思：第一次被"跟踪"，"跟踪"自己的竟然是学生家长，还是为了向我表达谢意，作为老师的幸福感油然而生。

接手这个班级后，我开过几次家长会，都是小泽爸爸来的。虽然我跟小泽妈妈素未谋面，但打过好多次电话。开始是我找她，因为小泽连续几天不写作业；后来是她找我，向我哭诉小泽在家发脾气，对她拳打脚踢。小泽从二年级就这样，经常打她。她总是偷偷地跑到楼下，向我求助，有时说着说着就哭了。尽管她强忍着，但我从她的语气和语调中听得出来她的无奈和无助。

小泽妈妈已经通过电话向我求助好几次了，每次都瞒着小泽。她最伤心的是春节那次，说小泽把她的手机摔了。我跟小泽有过三次深度交流，每次谈话，能管用一段时间，但过段时间他会再犯。道理讲了，控制脾气的方法也教给他了，该如何强化他的正确行为呢？我也在不断地思考着。

本学期，我在班里开展了一项活动——评选"行为习惯进步之星"。每个学生写下自己的优点和可以进步的方面，然后选择最想改变的一方面，坚持下来，到学期中进行总结，达成要求的，我会颁发奖状。我特意留心了小泽的，他写的是认真完成作业。我问他，愿不愿意再加上一条不发脾气？他想了想，点点头。

现在，两个月过去了，小泽的脾气好多了。我有好长一段时间没接到小泽妈妈的电话了。期中总结，小泽的表现获得了家长、老师和同学的一致认可，被评为"行为习惯进步之星"。我为他颁发了奖状。

可能是小泽的变化太大，亲子关系和谐了，所以小泽妈妈就用自己的方式表达对我的感激。

其实，我何尝不是小泽脾气改变的受益者？这段时间，我跟小泽的交流顺畅多了。以前的他，每天板着脸，不管我问什么，他都不作声。现在，他的脸上有了笑容，主动帮同学打扫卫生，学习状态非常好，作业书写认真多了，成绩也在不断提高。家校及时沟通、携手共育，受益的不只是孩子，还有家长和老师。

爱出着爱返，福往着福来。班主任的爱心付出会得到家长和学生的回应。这样的事例有很多。

下雪天地滑，放学时，我担心学生滑倒，不断提醒："注意脚下，小心点。"没想到自己差点摔倒，他们大声喊道："王老师小心！"一个男生跑到我身边，拉着我的胳膊，说："王老师，您没事吧？"眼神中透着担心和关切。我一看，是那个让我伤透了脑筋、费尽了心思的学生。那一瞬间，我感觉自己对他的付出值了。

2013—2014 年，我去乡镇小学支教一年。一次回原学校开会，经过学校操场，远远地飞奔过来一群孩子，其中一个瘦小的男孩一下子扑在我身上。那是我教了三年的学生，他们上体育课，正在自由活动。瞬间，我的身边围满了学生，叽叽喳喳。那一刻，我幸福极了。

2024 年 4 月 27 日，毕业十四年的学生的家长给班级送来了八十多本课外书。我对家长说："孩子毕业这么久了，遇到过许许多多的老师，你们还记得我呐！"家长说："我一直记得那天中午我们顾不上孩子时，一个电话，您就把孩子领回家吃饭了，让我们没有后顾之忧。孩子也永远记得王老师。"

叶圣陶先生认为，学生是种子，不是瓶子。这个比喻非常贴切。瓶子塞满了，我们就完成任务了。种子意味着什么？种子有向上的内在动力，有它自己的成长规律。学校是土壤，那老师是什么？是阳光，是雨露。土壤不嫌弃任何一粒种子,阳光和雨露会把爱播撒到每一粒种子上。班主任要尊重每一粒种子的成长规律,精心地呵护它、帮助它、引导它、鼓励它,不管是树还是花,让它成为最美的自己。